Avant-propos	3
1- Absentéisme scolaire	4
2- Accueil des élèves	5
3- Affectivité à l'école	6
4- Affichage en classe	7
5- Aménager sa classe	8
6- Activités Pédagogiques Complémentaires	9
7- Atsem	10
8- Attention de l'élève	11
9- Autonomie de l'élève	12
10- Autorité dans la classe	13
11- BCD	14
12- Bibliothèque de classe / Coin lecture	15
13- Bienveillance	16
14- Brouillon(s)	17
15- Burnout ou Syndrome d'épuisement professionnel	18
16- Cahiers de l'élève	19
17- Cahier-journal	20
18- Calme en classe	21
19- Cartes mentales / heuristiques / conceptuelles	22
20- Climat scolaire	23
21- Co-intervention / co-enseignement	24
22- Comparaisons internationales	25
23- Comportements de l'élève	26
24- Confiance en soi	27
25- Conseil d'élèves	28
26- Conseils à l'école	29
27- Consignes	30
28- Correction par l'élève	31
29- Corrections, annotations, notations par l'enseignant	32
30- Cours multiples	33
31- Cycles	34
32- Débuter	35
33- Décrochage scolaire	36
34- Délestage	37
35- Déplacements des élèves	38
36- Devoirs et leçons	39
37- Discipline et sanctions	40
38- Discussions à visée philosophique	41
39- Élèves à haut potentiel	42
40- Élèves allophones	43
41- Élèves en situation de handicap	44
42- Élèves lents	45
43- Emploi du temps	46
44- Enfants de Familles Itinérantes et de Voyageurs	47
45- Ennui à l'école	48
46- Enseignant	49
47- Ergonomie scolaire	50
48- Erreur en pédagogie	51
49- Estime de soi	52
50- Évaluer	53
51- Exercices et exerciseurs	54
52- Fiches de prep'	55
53- Fournitures scolaires	56
54- Gauchers	57
55- Harcèlement	58
56- Humour	59
57- Hygiène et santé	60
58- Innover	61
59- Inspection / Rendez-vous de carrière	62
60- Interroger les élèves	63
61- Jeu et apprentissage	64
62- Mémoriser	65
63- Métacognition	66
64- Méthodes pour apprendre	67
65- Métiers, services, responsabilités de l'élève	68
66- Motivation scolaire	69
67- Mutualiser	70
68- Neurosciences et pédagogie	71
69- Numérique à l'école	72
70- Observation (stage)	73
71- Organisation des temps scolaires	74
72- Outils de l'élève	75
73- Parents et École	76
74- Parole à l'école	77
75- Pédagogies	78

76- Pédagogie de la coopération 79
77- Pédagogie de la répétition 80
78- Pédagogie des intelligences multiples 81
79- Pédagogie différenciée 82
80- Pédagogie du progrès 83
81- Pédagogie du projet 84
82- Pédagogie explicite ou enseignement direct 85
83- Pédagogie Freinet 86
84- Pédagogie inversée 87
85- Pédagogie Montessori 88
86- Pédagogie par objectifs 89
87- Pédagogies efficaces 90
88- Programme Personnalisé de Réussite Éducative 91
89- Premiers secours 92
90- Rallyes-liens 93
91- Récréation 94
92- Redoublement 95
93- Relaxation Méditation 96
94- Rituels et transitions 97
95- Séances / Séquences 98
96- Soin et présentation 99
97- Stigmatisation 100
98- Tableau noir 101
99- Transfert des apprentissages 102
100- Voix de l'enseignant 103
Annexe 1 Mais qu'est-ce qu'un Geste professionnel à l'École primaire ? 104
Annexe 2 Personne ne devrait entrer en formation sans l'aide d'un Répertoire des Gestes professionnels explicite et structuré. 105
Annexe 3 La formation initiale des enseignants du Primaire : une maltraitance pédagogique institutionnalisée ? 106
Annexe 4 Les recettes ne sont toxiques que si elles sont comprises comme des garanties infaillibles ou des obligations... 107
Annexe 5 Exploiter de façon systématique les forums d'enseignants 109
Annexe 6 240 blogs d'enseignants explorés pour ce dossier 110

À la lecture de cet ouvrage, vous allez sans doute visiter de nombreux blogs.

Leurs auteurs consacrent, bénévolement, toujours beaucoup de temps et d'énergie à les alimenter et à les faire vivre.

Quand vous leur rendrez visite, peut-être pourriez-vous leur laisser un petit mot : cela leur montrera combien leurs partages sont utiles... et appréciés !

Avant-propos

Qu'est-ce qu'un Geste professionnel ? **C'est d'abord et avant tout l'ensemble des réussites attachées à une pratique de classe.** Il ne faut pas pour autant en évacuer les tâtonnements, les échecs ainsi que les fondements théoriques qui en éclairent le pourquoi. L'âme du projet 100 Gestes professionnels consiste à rendre explicites et structurés ces ensembles particuliers à chaque Geste professionnel... (Voir annexe 1)

Un répertoire explicite et structuré de ces Gestes professionnels, permettrait en formation initiale de **répondre aux attentes et besoins des néo-enseignants** par des pédagogies qui soient réalistes dans le contexte d'une classe, qui aient fait leurs preuves, et qui légitimeraient donc l'enseignant à se construire une image positive de son action auprès des élèves. (Voir annexe 2)

Car en formation initiale, deux mythes constituent **le fondement d'une maltraitance pédagogique institutionnalisée** : - L'art pédagogique ne se cultiverait pas autrement que par le tâtonnement de l'expérimentation personnelle (ou comment ne pas diffuser les pratiques validées par les enseignants du terrain). / - Qui peut le plus pourrait le moins (ou comment entériner une formation déconnectée du terrain comme efficiente pour le futur professionnel). Cette maltraitance pédagogique à dimensions institutionnelle et formative, doit prendre fin, condition liminaire à toute tentative de "refonder l'École". (Voir annexe 3)

« Ce que vous voulez, c'est des recettes ? » **Oui, et alors ?** Les recettes ne sont toxiques que si elles sont comprises comme des garanties infaillibles ou des obligations. (Voir annexe 4)

Une démarche de formation à promouvoir : **l'exploitation pédagogique systématique de forums** peut permettre de connaitre et d'espérer faire face aux difficultés rencontrées par des enseignants sur le terrain. (Voir annexe 5)

1- Absentéisme scolaire

Généralités

Les raisons de l'absentéisme scolaire	PRAT!QUE	« Les raisons peuvent être économiques et sociales, familiales, psychologiques et pédagogiques. »	tinyurl.com/4rf98ene

Pts de vigilance

Facteurs de risque du décrochage scolaire	UNIVERSITÉ DE GENÈVE	« Tous les jeunes adultes ont évoqué des souffrances psycho-affectives, des déménagements et des reconstitutions familiales et certaines problématiques scolaires. »	tinyurl.com/mr39krrf

Pratiques de classe

Une petite appli pour vous aider à remplir votre cahier d'appel	Tilékol	« Avec ou sans connexion Internet (c'est important), cette application sera à votre disposition quand vous en aurez besoin. Mais ce n'est pas tout ! » tinyurl.com/46awzkd5
Les billets d'absence	la classe bleue	Deux ou trois billets seront glissés dans le protège-cahier du cahier de liaison. tinyurl.com/2p8wn32j
« Quand t'es maicresse, tu dois leur faire rattraper ce qu'ils ont raté. »	Quand t'es maicresse...	« J'ai mis en place ce document que je mets dans une pochette plastique sur le bureau de l'enfant absent. Je glisse dans la pochette tous les documents distribués, je complète le tableau et le tour est joué ! » tinyurl.com/3hurm5v4
L'appel pour développer le langage	ÉDUSCOL	Six scénarios pour s'approprier des usages de l'oral lors de l'appel tinyurl.com/2p85ewp5
L'appel, un rituel pour construire le nombre	ifé	« Pour l'usage en formation, la vidéo a été très peu réduite de manière à montrer le temps long de concentration exigé par ce rituel. » tinyurl.com/yckz7jme
C'est un enfant qui se charge chaque jour de faire l'appel		« Jeudi, c'était LOÏC le responsable. Arrivé en classe, il a mis sa carte sur le tableau prévu à cet effet (affichage des cartes dans l'ordre d'arrivée des enfants). Puis il a rempli un tableau à double entrée. » tinyurl.com/2pyeezvy
Le rituel de la Tour d'appel : progression du dispositif dans le temps	ACADÉMIE DE LILLE	« Puis fabrication de la "tour de référence" qui nous servira tout au long de l'année : 1 cube = 1 enfant présent. Chaque enfant, à tour de rôle, vient emboîter son cube sur la tour qui se construit au fur et à mesure. » tinyurl.com/my2kjxps
Les enfants responsables des absents		« Il compte et nomme les absents, il leur met de côté les fiches de travail. » tinyurl.com/4aas6hs3

Forums

Signalements d'absentéisme pour les élèves qui partent en vacances plus tôt. tinyurl.com/2p8uzr7v	Quel "protocole" pour des élèves d'élémentaire qui ont une fréquentation scolaire ... en pointillés. tinyurl.com/2p8bfujk	Les nouvelles directives en matière de lutte contre l'absentéisme s'appliquent-elles pour la maternelle sachant que la scolarité n'est obligatoire qu'à partir de 6 ans ? tinyurl.com/2657v5yx
2 élèves absentes pour une cure avec certificat médical. L'IEN demande de faire un signalement pour absentéisme. tinyurl.com/2j5h4e8a	On ne voit jamais les familles... tinyurl.com/yc5wapjn	

2- Accueil des élèves

Généralités	Accueil et surveillance des élèves	ÉDUSCOL	« Les élèves sont accueillis dix minutes avant le début de chaque demi-journée de classe. » tinyurl.com/sww86pzb

Pts de vigilance	Quand un accueil est-il réussi ?	académie Grenoble	« Tous les enfants ont été reçus, pris en compte, écoutés ; chacun a trouvé sa place pour écrire, lire, dessiner, jouer, s'acquitter de ses tâches obligatoires ; par ailleurs, l'ambiance, le climat sont également déterminants. » tinyurl.com/5de4p38t

Pratiques de classe	L'accueil échelonné : un diaporama d'accueil	Mélimélune	« Je fais l'accueil dans la classe, les élèves montent donc tout seuls et quand ils arrivent, doivent pouvoir s'occuper rapidement. Je mets à votre disposition mon diaporama mais aussi un diaporama vierge pour que vous puissiez l'adapter à vos routines. » tinyurl.com/yhws87nc
	Une progression des activités d'accueil	lamaterdeflo	« Je suis prise à la porte pour accueillir chaque enfant et je parle souvent avec des parents, alors pour que ce ne soit pas non plus un temps pouvant être troublant pour certains petits qui ne savent pas trop par où commencer je me suis construit cet outil » tinyurl.com/24hesbd3
	Entrée en classe : appel et affichage des émotions.	MAITRESSE CACTUS	« Nous allons travailler sur les émotions et ce sera un lien toute l'année.» tinyurl.com/2p8wv4fe
	Accueillir les élèves avec un petit message	Tablettes & pirouettes	« Mon TNI est toujours allumé et pour accueillir tout le monde, se dire bonjour, j'aime bien afficher un message ou une illustration. » tinyurl.com/59tpxn46
	Le bonjour : présentations et avis personnels	Bla-bla... cycle 3	« Les élèves doivent écrire un bonjour tous les jours, en fonction d'une amorce notée sur l'agenda. À tour de rôle, en faisant circuler un bâton de parole (une règle !), les élèves lisent leur bonjour aux autres. » tinyurl.com/2p95cxvr
	L'ami du jour	Ressources Numériques	« Avant d'entrer en salle de classe le matin, tous les élèves se place en ligne devant l'ami du jour et le salue d'une façon ou d'une autre. La poignée de main, le câlin, les high five sont permis et sont contagieux. » tinyurl.com/3vu8sm7u
	Les élèves attendent le signal de leur maîtresse pour s'asseoir	Après la classe	« Ils rentrent en classe, descendent leur chaise et attendent que je leur dise bonjour et que je les autorise à s'asseoir. Même autorisation au retour de récré. Cela permet la prise de conscience de l'endroit où ils sont. » tinyurl.com/29shf292
	Un temps calme pour commencer : la gymnastique douce	Kyban	« Si on veut rendre les élèves autonomes sur ce rituel, on peut envisager d'afficher des cartes (flashcards) au tableau qu'on ordonnerait. C'est pour cela que j'ai créé les huit cartes correspondant à ces huit exercices. » tinyurl.com/58aw8shj

Forums	« Mon directeur souhaite enlever les heures de présence de mon atsem pendant le temps d'accueil afin de récupérer des heures ! » tinyurl.com/ed3hsaf6	Partage des locaux entre maternelle et élémentaire : quelle organisation pour l'accueil ? tinyurl.com/543k8ddy
	« Depuis le plan Vigipirate de janvier nous ne voyons pas les parents car nous sommes dans notre classe à attendre les élèves qui arrivent seuls » tinyurl.com/28w7kxek	Quels jeux rencontrent le plus vif succès durant l'accueil ? tinyurl.com/jay3vby3

3- Affectivité à l'école

Généralités

Tableau des cinq composantes de l'affectivité	REE Recherches en éducation	Éclairage psychologique sur l'affectivité : conséquences sur la relation enseignant/e-élève, le rapport à l'enseignant/e, l'expérience scolaire et/ou l'apprentissage de l'élève. tinyurl.com/yckj98ae p.14
Le pouvoir des compétences socio-affectives	OCDE	« Les compétences socio-affectives sont de puissants vecteurs de bien-être et de progrès social. Les enfants peuvent apprendre certaines de ces compétences susceptibles de les aider à réaliser leurs objectifs à long terme, à travailler mieux avec les autres et à gérer leurs émotions. » tinyurl.com/4jzst8pj

Points de vigilance

Un énoncé peut être en complet décalage par rapport à ce que l'enfant vit réellement		« Une pratique irréaliste consiste à attendre d'un enfant qu'il s'étudie et s'explique en lui demandant de dire pourquoi il vit telle émotion. Sans capacité d'analyse, sans connaissance des tendances inconscientes qui sous-tendent les réactions émotionnelles, cela le conduit immanquablement à se complaire dans ses émotions, voire à s'y perdre. » tinyurl.com/46py3nmd

Pratiques de classe

Décrypter les émotions des autres par un diaporama		« Pour ce faire j'ai créé un petit diaporama permettant de faire comprendre aux élèves qu'il faut réfléchir avant d'agir et observer avant de tirer des conclusions hâtives. » tinyurl.com/mprzut23
Vidéo - Pratiquer l'empathie en classe	ACADÉMIE D'AMIENS	« L'équipe de recherche a accompagné les équipes pédagogiques pour une pratique de l'empathie. Le reportage montre les jeux et pratiques possibles. » tinyurl.com/yjvd4uzm
La bouteille à émotions	TA @l'école	« Lorsqu'on laisse la bouteille immobile pendant quelques minutes, toutes les paillettes vont se déposer au fond. Cet état représente notre esprit au calme. Lorsque nous agitons la bouteille, les paillettes tournoient tellement que nous ne voyons plus à travers. » tinyurl.com/2mm5c7s8
Un questionnaire sur l'affectivité	hep	« J'ai choisi d'utiliser des questions fermées. » tinyurl.com/5va7sfdp Annexe 1
Une affiche Pause émotionnelle	APPRENDRE, RÉVISER, MÉMORISER	Une minute à moi : mes émotions / mes fiertés / mon réconfort / mes rêves tinyurl.com/ydun3zuh
Le jeu des mousquetaires		« Partager des sensations vécues donne ainsi à chaque élève la possibilité de reconnaître ses camarades comme une version possible de lui-même. C'est alors que l'empathie advient. » tinyurl.com/26tvx2dx

Forums

« J'ai souvent entendu des enseignants dire qu'ils se voyaient reprocher par des personnels de l'institution d'avoir des relations avec les élèves trop fondées sur "l'affectif"... A contrario, j'ai eu vent de plein de témoignages d'anciens élèves qui avouent avoir aimé l'école grâce à un maître ou une maîtresse qu'ils avaient adorés. » **tinyurl.com/ye22tx4s**

« Selon vous, quelle est la place de l'affectif dans l'autorité ? Merci pour votre aide. » tinyurl.com/y7pn9suw

« Peu d'enseignants ont conscience de leur impact affectif sur les enfants » **tinyurl.com/mr2xh949**

« Quelle relation affective avoir avec les élèves dans la classe et hors classe ? » **tinyurl.com/yc39pbk9**

4- Affichage en classe

Généralités

Une typologie de l'affichage	académie Dijon	« Les affichages réglementaires, fonctionnels et esthétiques. Il souligne la nécessité pour chaque affichage d'être fonctionnel et esthétique. » tinyurl.com/2p97884y
Un affichage obéit à des normes de présentation	espe	« Tout d'abord, un agencement logique pour une meilleure appréhension des informations ; ensuite, une lisibilité rigoureuse » tinyurl.com/2p97884y p.14
Un affichage doit être évolutif	Lutin Bazar	« On le complète au fil de l'année, selon les observations faites dans les textes. » tinyurl.com/ycyxjs6s

Points de vigilance

Une surcharge visuelle nuit à l'apprentissage	Super, maîtresse !	« Les enfants sont plus distraits et apprennent moins bien en cas d'affichage visuel important chez les deux groupes d'enfants testés (neurotypiques et TSA). » tinyurl.com/yut4yhjz
Les principaux écueils liés aux affiches	académie Paris	« Afficher des informations n'est pas la garantie que les élèves vont les regarder, comprendre le message porté ni qu'ils vont savoir l'utiliser / Pour avoir le "projet d'utiliser" ces affiches, le professeur a un rôle déterminant. » tinyurl.com/w6fyws67

Pratiques de classe

Utiliser l'affichage didactique de façons explicite et systématique	académie Nancy-Metz	« Avant chaque travail, les élèves sont invités à dire de quelles affiches ils auront besoin et pourquoi, ce qui va permettre d'entrer dans la tâche sans précipitation et de se mettre en situation de projet. » tinyurl.com/mrkfkn6f
Des packs d'étiquettes aimantées pour afficher le programme du jour	Lutin Bazar	« Un gros aimant est placé à droite du programme et le responsable du tableau le déplace, au rythme de notre avancée dans le programme. » tinyurl.com/4ss2y352
Dans mon cartable…	Classe à grimaces	Mon affichage pour préparer le cartable. tinyurl.com/yckt8puh
Une affiche pour un apprentissage coopératif	académie Nancy-Metz	« Chaque élève, quel que soit son niveau de maîtrise de la table va pouvoir aider un autre élève. L'élève qui interroge mémorise par la même occasion » tinyurl.com/mrkfkn6f
Les "plus belles" affiches à imprimer	Canva	Les affiches pour apprendre / Organiser la vie en classe / Se repérer / Embellir sa classe tinyurl.com/yryfcns3
18 affiches positives pour la classe	APPRENDRE, RÉVISER, MÉMORISER	Classées par catégorie (encouragement, stress, motivation, émotions, conflits, peur de l'erreur…). tinyurl.com/ydun3zuh
L'intégralité des affiches correspondant aux 33 sons étudiés	lutinbleu	« J'ai créé un nouveau set d'affichages pour accompagner les nouvelles fiches de sons et fiches d'activités déjà publiées sur le blog. » tinyurl.com/yu39ecuv

Forums

« Les affichages mathématiques. Comment les préparer ? Collectif, individuel ? Combien de temps les laisser ? Quand s'en servir ? » tinyurl.com/yct6u54n

Quels matériaux pour pouvoir fixer des affiches ? tinyurl.com/4dc5cstz

« Trop d'affichage et pas assez de murs :/ Comment avez-vous organisé tout ça ?» tinyurl.com/mr4xr5fx

« Je ne connais pas la maternelle…. Je me sens perdue quant à ce qu'il faut faire au sujet des affichages. » tinyurl.com/5t4ett6s

« Affichage en Segpa : notre IEN ne veut pas d'affichage qui rappelle l'élémentaire. » tinyurl.com/mrxudke

5- Aménager sa classe

Généralités	Typologie des espaces scolaires à l'école maternelle		« La première finalité d'un aménagement bien conçu est de favoriser en permanence la réponse aux besoins des enfants, et ces besoins sont variés et évolutifs, justifiant que la classe soit modifiée au fil de l'année. » tinyurl.com/2p95h8de
	L'aménagement de la classe pour la sécurité affective de l'enfant		« Les enfants doivent toujours avoir la possibilité de voir un des adultes de référence. Ils ont besoin de ce contact visuel pour être rassurés et pouvoir agir. » tinyurl.com/2p9edrt3 p.5
	La salle de classe vue par le géographe		Un lieu d'enfermement ? / un espace aménagé, espace à ménager ? / le lieu d'un métier / un lieu de l'innovation ? / un « théâtre » de l'injustice spatiale ? tinyurl.com/5n64y35f
Points de vigilance	Une grille d'observation		« Aménagement des tables, nature des déplacements, présence et usage des affichages, intérêt et état du matériel utilisé et enfin l'intention pédagogique. » tinyurl.com/bdryfjvu p.39
	Des aménagements respectueux des règles de distanciation		« Dans le respect du protocole sanitaire en vigueur au 22/06/2020, des pistes de réflexion permettant d'organiser les espaces pour accueillir les élèves. » tinyurl.com/3kwxwuf9
Pratiques de classe	Aménagement de la classe selon la situation d'apprentissage		« Les flèches démontrent l'interaction entre l'enseignante ou l'enseignant et les élèves, et les élèves entre eux. » tinyurl.com/4t4zd9ff
	Synthèse des types d'aménagements		« Afin de rendre plus claires les différentes possibilités de disposition spatiale dans une salle de classe, j'ai choisi de proposer la synthèse suivante. » tinyurl.com/5fry48tn p. 16-17
	Six tutos pour vous accompagner dans l'aménagement de votre classe		Les bonnes questions avant de se lancer / Commencer sans trop de frais / Quelle configuration de tables / Et l'autonomie des élèves dans tout ça / Pourquoi et comment impliquer les élèves ? tinyurl.com/yj28jwru
	Penser des espaces dédiés		« Chaque espace est réfléchi pour répondre à un besoin pédagogique, à une tâche etc. » tinyurl.com/yckkv2cj
	Où placez-vous votre bureau ?		« J'ai eu devant de côté, sur le côté et maintenant au fond sur un côté face au tableau. » tinyurl.com/yt55p4wy « Je n'y suis presque jamais. L'an prochain, je change de classe, le bureau sera perpendiculaire aux tables. » tinyurl.com/y5vd4hef
	Réaliser un plan d'aménagement de classe		« Je me suis penchée sur les différents logiciels gratuits disponibles sur internet. Je vais essayer de vous les présenter brièvement. » tinyurl.com/yvtdkn6p

Forums

« Pour convaincre lors du conseil des maîtres, nous aimerions proposer un projet d'aménagement de classe. » tinyurl.com/bdfav2he

« Au centre des tables le PE avait fabriqué une sorte de "bac" où les élèves mettaient le matériel commun » tinyurl.com/3phd49ry

« Il y a un meuble que je souhaite faire enlever, mais ma directrice refuse » tinyurl.com/3mmcwdut

« J'ai une classe de CM2 et sortant d'une classe de maternelle, j'ai envie de faire des coins !!! » https://tinyurl.com/34bjrkrx

« Création de classe dans le spécialisé. Quels aménagements incontournables d'après-vous en termes de mobilier ? » tinyurl.com/3zsr9e5t

6- Activités Pédagogiques Complémentaires

Généralités	« Ben moi, je ne la trouve pas si mal, cette réforme… »	Charivari à l'école	« Bref, pour toutes ces raisons je suis contente de cette réforme, je ne ferai pas la grève ni rien de tout ça. » tinyurl.com/2nw4nc2r
	Quelle place dans l'emploi du temps ?	sitecoles	« Début de journée [...] Pause méridienne [...] Soir [...] Quelques mercredis ou samedis [...] » tinyurl.com/mpdhhzz9
	Travailler à partir des profils d'élèves	ACADÉMIE DE POITIERS	« Motivé (mais non efficace) - non motivé / Rapide - lent / Prend la parole hors propos - ne prend pas la parole / Autonome dans la mise en œuvre - non autonome / Comprend difficilement consignes et règles » tinyurl.com/28267knp
Points de vigilance	Comment ne pas aider l'élève	ACADÉMIE DE GRENOBLE	Dix risques majeurs tinyurl.com/3yhmsbbp
	Comment aider les élèves ?	ACADÉMIE DE NORMANDIE	Sept familles d'aides fondées sur une analyse des difficultés les plus fréquentes. tinyurl.com/zkce4t4d
	Dérives à éviter	ministère éducation nationale	« Enfermer un ou des élèves dans ce dispositif tout au long de l'année. / Omettre de planifier une progressivité pédagogique. » tinyurl.com/4ayk5fee
Pratiques de classe	Prendre confiance en ses capacités de lecteur	Forum des enseignants innovants et de l'innovation éducative	« Préparer avec un enfant, le matin avant la classe, une leçon qui va être vue ensuite avec tous la classe va permettre de lui accorder alors un rôle valorisant. Ainsi l'enfant sait qu'il va utiliser ce qu'il apprend et comment » tinyurl.com/2ywk4b3t
	Exposés APC	École J.J. Tharaud	« Chaque binôme a ainsi choisi de décrire un aspect (culturel, gastronomique, historique...) d'un des pays d'Europe en apportant parfois des spécialités locales » tinyurl.com/3eutcmed
	Pour cette dernière période j'ai choisi la numération		« Je prépare ici un Coffre à Trésors. Des trésors trouvés sur d'autres blogs dont je vous mettrai les liens ! » tinyurl.com/2v2xun7b
	Cahier d'APC	La classe de Ludivine	« Ce cahier fait le lien avec la famille qui pourra se rendre compte des activités proposées. » tinyurl.com/2p9y87nu
	Des APC pour apprendre tout en s'amusant	Entrez dans ma classe	« Pour les APC de cette période, mes élèves de Ce1/Ce2 ont travaillé le calcul mental à l'aide de jeux ludiques que j'ai adaptés. » tinyurl.com/2pwrwcf2
	Questionnaires pour la maîtrise de la recherche documentaire		« Les enfants ont su s'entraider, se sont concertés pour chercher les réponses aux questions, et ont échangé des idées pour les illustrations ... » tinyurl.com/3utr75xf
	Logiciels et activités en ligne pour l'aide personnalisée au C3	académie Poitiers	En annexe : Guides de personnalisation du logiciel Abécédaire / du logiciel Je lis puis j'écris / du logiciel J'écoute puis j'écris tinyurl.com/ydf67rus
Forums	« Je souhaiterais faire l'APC de 12h50 à 13h20. Le problème est que la pause méridienne de l'enfant serait réduite à 1h20. » tinyurl.com/mrympa9r		« Je prends les élèves d'une collègue en ce1 une fois 30mn/ semaine durant les APC. Elle m'a donné des élèves très faibles mais aussi peu scolaires (il faut donc du ludique !). » tinyurl.com/yeysze9d

7- Atsem

Généralités

L'Atsem : sa place, son rôle dans la classe		« Beaucoup d'enseignants évoquent de vraies difficultés avec leur Atsem. C'est un sujet récurrent dans les réunions pédagogiques au moment des apartés. Où se trouvent les limites entre le rôle de l'enseignant et celui de l'Atsem ? Comment travailler en bonne harmonie et dans un respect mutuel ? » tinyurl.com/2p9hmexa
Conditions de réussite d'un atelier confié à l'Atsem	Université Catholique de Lyon	« T. Vasse a créé une fiche afin que les ateliers encadrés par l'Atsem soient une réussite. » tinyurl.com/bdh7cucf Annexe 4 p.25
La collaboration Atsem/enseignant	académie Caen	11 fiches thématiques tinyurl.com/49esbrvd

Points de vigilance

Problème avec Atsem …		« Au début ça se passe nickel on s'entend bien … Mais petit à petit elle prend ses aises …. Téléphone portable devant les élèves … Sort de la classe répondre au téléphone en laissant le groupe d'élèves en charge… Ne lave pas le matériel de peinture (le laisse dans le lavabo pendant plusieurs semaines). » tinyurl.com/2kjjdd96
Comment fait-on pour bien se comporter et bien s'entendre avec son Atsem dès le début ?	Planète Cartables	« Je suis timide et peu sûre de moi mais je fais des efforts pour parler, je ne les prends pas de haut étant assez gentille de base et venant d'un milieu défavorisé ce qui fait que je respecte beaucoup les gens peu diplômés, je ne les laisse pas décider à ma place mais je ne suis pas hyper autoritaire non plus et suis humble. » tinyurl.com/2h89xy5c

Pratiques de classe

Planning des tâches et emploi du temps Atsem		« Ce planning a été réalisé avec elles, chacune de nous trois a fait la liste des choses à faire dans la classe. Je leur ai laissé le soin de se répartir les tâches. » tinyurl.com/yp7wz9y4
Engager un échange et laisser une trace repère		« Je changeais d'école à chaque rentrée et il me semblait que cela pouvait m'aider à faire le point et aider l'Atsem à comprendre ce que j'attends d'elle. » tinyurl.com/44txvb4m
Travailler en synergie avec les Atsem	académie Lille	Rôles et places de chacun sur les différents temps scolaires tinyurl.com/4mhu43z5
Création d'une charte	Université Catholique de Lyon	Rappels importants / Échanger ? Comment ? / Et si ça ne va pas ? tinyurl.com/4esstfba p. 58

Forums

« J'ai 31 ans, et l'ATSEM 50, elle va encore se prendre pour ma chef…Comme si on ne pouvait pas travailler ensemble, chacune dans son domaine…Bref, je suis + stressée par l'atsem que par les élèves !!! » tinyurl.com/23pjxtau

« Je suis en maternelle depuis plusieurs années et avec la même atsem depuis aussi un certain nombre d'années. Elle est comme elle est mais jusqu'à l'année dernière nous arrivions à composer. » tinyurl.com/2p9r4fch

« Peut-on légalement leur confier un groupe d'élèves dans une pièce différente que celle où l'enseignant se trouve ?»

« Les atsem et avs peuvent être malveillantes, personne ne vient les recadrer … » tinyurl.com/47298c72

« Je travaille pour la première fois avec une Atsem vraiment mal polie : critique mon organisation, veut rivaliser en termes d'autorité, fait des histoires auprès des familles, veut mener des activités en classe quand bon lui semble. Bref, je n'ai jamais vu ça ! » tinyurl.com/26ke664r

8- Attention de l'élève

Généralités	Les différents types d'attention		L'attention sélective ou focalisée / L'attention divisée ou partagée / L'attention soutenue, la vigilance tinyurl.com/45hb2b6x
	La durée de concentration est différente pour chaque âge		« Alors… attention à ce que nous demandons à nos enfants. 1 heure d'attention, c'est sans aucun doute plus long que ce qu'ils peuvent vraiment accorder. » tinyurl.com/2p8cpjvu
	Organisation des périodes favorables		Cycles 1, 2 et 3 tinyurl.com/237e2w2k p.12-13
Points de vigilance	Fluctuations journalières de la vigilance d'élèves		« L'attention maximale serait obtenue le matin entre 10h.30 et 11h. L'après-midi, l'attention atteint deux pics selon l'âge et les enfants. » tinyurl.com/2p8cpjvu
	L'enfant a-t-il le projet de faire exister mentalement l'information ?		« Si nous disons à un élève : "Fais attention", il ne va plus penser qu'à se concentrer, sans savoir comment, au lieu de concentrer ses perceptions sur l'objet d'étude qu'on lui soumet. Il est préférable de lui expliquer le geste d'attention. » tinyurl.com/yuftamxp p. 2
Pratiques de classe	L'attention ça s'apprend !		« Un programme séquencé "clé en main" libre et accessible à tous gratuitement avec les fiches de préparation, les documents destinés aux élèves et aux parents, les fiches de suivi pour l'enseignant, les supports à utiliser en classe (affiches à imprimer, vidéos à diffuser ...) » tinyurl.com/422eht32
	Outil n°6 : la technique de la tomate		« Les élèves captent plus facilement leur attention car ils savent que la tâche est chronométrée. Après, laisser du temps aux enfants pour souffler un peu, discuter mais pas trop... surtout se reposer. » tinyurl.com/59sknn9v
	Jouer sur la flexibilité attentionnelle grâce à un code couleur		« Construisez avec vos élèves 3 cartes de couleur correspondant au degré d'attention à avoir. Affichez-les au tableau en fonction des activités que vous leur proposez. » tinyurl.com/5wkcnhpx
	Un « truc » pour obtenir instantanément l'attention		« Je dis "Claaaaass ?" avec une petite voix haut perchée ou au contraire une voix très grave, et les élèves répondent "Yeeeeess" sur le même ton. » tinyurl.com/4wzbt6n5
	La communication non verbale pour renforcer l'attention des élèves		« M. Grinder a découvert que les messages non verbaux sont essentiels pour la gestion efficace de la classe. Voici quelques outils de cette communication. » tinyurl.com/46yyfjj6

Forums

« Je souhaite mettre en place le programme Atole dans ma classe. » tinyurl.com/3mjyr5ec	« Connaissez-vous le Trouble déficit de l'attention, SANS hyperactivité ? » tinyurl.com/bd2rerrs	Capter l'attention des élèves pour passer une consigne. tinyurl.com/5cm5ax7	« Gérer le bruit et le manque d'attention en regroupement. » tinyurl.com/37hfyns4

9- Autonomie de l'élève

Généralités

Échelle descriptive des degrés d'autonomie	académie Toulouse	Manque d'autonomie / en construction / partielle / acquise tinyurl.com/3cpzzyts
Grille d'observation de l'autonomie	centre ressources autismes	« Cette grille fait l'objet d'une validation. » p.14-19 tinyurl.com/2p8skeyw

Points de vigilance

Les facteurs qui empêchent l'autonomie	APPRENDRE, RÉVISER, MÉMORISER	« L'autonomie des élèves se prépare, s'enseigne, se travaille. » tinyurl.com/mhxd7wdj

Pratiques de classe

Les clés d'autonomie	MAITRESSE du petit pois	« Ce système a très bien fonctionné dans ma classe. Il a permis de rappeler aux élèves quelles étaient les caractéristiques d'un élève autonome. » tinyurl.com/yck9hxn8
Les blasons d'autonomie		« Le programme pour l'année : Je sélectionne 3 types de fiches par période. Ça me permet de faire une programmation sur l'année. » tinyurl.com/muhcef3m
Un affichage pour organiser l'autonomie des élèves	Kyban	« J'ai choisi le format "alvéoles". Quand je vois tous ces petits élèves au travail, je me dis que ça peut aussi faire penser à une ruche, mais ça c'est pour faire semblant que j'ai bien réfléchi au truc :P . » tinyurl.com/2p8rkpyv
Rallye lecture et rallye copie « Quelle histoire »	Bout de Gomme	« Hello tout le monde, voici une nouvelle livraison de fiches pour notre rallye "Quelle histoire" qui compte pas moins de 150 fiches (quelle collection !). » tinyurl.com/3zpb4ehh
Énigmes visuelles réalisées avec des allumettes	Mitsouko à l'école	« Sur le net, je suis tombée sur des énigmes visuelles réalisées avec des allumettes ... cela m'a inspiré des petites fiches à imprimer en A5 et à plastifier. » tinyurl.com/2s3m2jaa
Les cahiers d'autonomie	ReCreatisse	« Volontairement ces activités sont assez ludiques pour motiver les élèves, chaque fiche a un objectif très précis. L'élève gère son temps libre et s'organise seul. » tinyurl.com/25kb9h9p
Origamis faciles	ORIGAMI CLUB	Cinq niveaux de difficulté tinyurl.com/3rs4x9cf
Quelques sous-mains pour favoriser l'autonomie	Ressources pour l'école	« Pour gagner en rapidité, un tableau des grands nombres évite de sortir la règle correspondante : l'élève écrit dessus au Velleda et efface ensuite avec un chiffon. » tinyurl.com/yckzvcb5

Forums

« Auriez-vous une référence de fichier qui ne nécessite de la part de l'adulte qu'un lancement et une aide minimale ? » tinyurl.com/3vd4n22j

« Depuis 2 ans, je ne réussis plus à obtenir le calme/un niveau sonore acceptable chez mes élèves pendant les moments de travail autonome. » tinyurl.com/4a2fz73u

« L'an prochain, je récupère un élève hyper actif ++++ et brillant scolaire. Malheureusement il ne fait rien en classe. Autonomie quasi nulle. » tinyurl.com/2nyyzfct

« Est-ce que quelqu'un a déjà essayé de mettre en place un cahier d'autonomie en moyenne section ? » tinyurl.com/mv4wp92t

10- Autorité dans la classe

Généralités

Les différents modèles d'autorité	académie Nancy-Metz	« L'autorité ne doit pas être faite pour que l'adulte ait la paix, mais pour que les élèves apprennent à vivre en paix. » Philippe Meirieu tinyurl.com/3enu4cer Chap. 1
Qu'est-ce que l'autorité éducative ?	académie Versailles	« L'autorité éducative se définit comme une relation statutairement asymétrique qui s'exerce dans l'obéissance mais aussi dans le consentement. » tinyurl.com/y4du8kfk Chap. 4
Quatre raisons de déculpabiliser	AIDE AUX PROFS	« L'autorité n'est pas une violence faite à l'enfant, contrairement à l'autoritarisme. » tinyurl.com/ydn9xetf

Points de vigilance

Les quatre dérives de l'enseignant		Animateur / Flic / Séducteur / Savant tinyurl.com/yc53ns7b
Les six besoins de l'enfant indiscipliné		« L'enfant doit ressentir qu'il y a un adulte qui est responsable de lui et de son comportement. « tinyurl.com/2s3bd3zk

Pratiques de classe

Moyens d'intervention visant le respect des règles	Université Grenoble Alpes / NSPF	Les indices non verbaux / Le rappel verbal / L'intérêt pour les comportements adaptés / Le façonnement / Le retrait de la situation tinyurl.com/2p9x97n2
Ce qu'il ne faut pas faire	Enseigner en S.E.G.P.A.	Se présenter comme un copain / Menacer de sanctions impossibles à tenir / Abandonner une sanction / Crier comme un forcené / Exiger l'impossible tinyurl.com/yckpb82b
5 conseils pour asseoir son autorité	jenseigne.fr blog	« Tel un maitre Yoda, voici des conseils pour bien gérer vos futurs padawan ! » tinyurl.com/2djmrcct
Les trois types de sanctions efficaces	académie Nancy-Metz	La frustration / La mise à l'écart temporaire / La réparation tinyurl.com/3enu4cer
Le "oui" de considération	Apprendre à apprendre	« Pour donner de la considération à son interlocuteur, voici une astuce simple en trois étapes. » tinyurl.com/4rybnxu4
Ne criez pas ! Utilisez la communication non verbale	Passion Transmission	« Lorsque vous criez en classe vous envoyez un mauvais signal à vos élèves. Vous donnez l'impression de ne pas contrôler la situation. » tinyurl.com/2p9k9yyd
Face aux incidents, la communication ne suffit pas	ACADÉMIE DE VERSAILLES	« L'enseignant n'a pas le temps d'instruire et il ne peut pas tout faire en même temps. Quelques principes sont donc nécessaires » tinyurl.com/y4du8kfk

Forums

« Je viens me confier à vous car je prends conscience que j'ai un problème d'autorité. » tinyurl.com/4j4wn8f2

« C'est ma 3ème année et depuis le début de ma carrière je galère à m'imposer. » tinyurl.com/4j4wn8f2

« Lors de mes stages je n'arrive pas à bien gérer ma classe : du point de vue autorité, gestion des ateliers. » tinyurl.com/rhh6ydmf

« Je crois que certains ont une autorité naturelle. Moi je passe mon temps à crier (contre-productif, j'imagine bien) et ça ne marche pas... » tinyurl.com/m7estuy2

11- BCD

Généralités

| Dresser un état des lieux en 53 questions | ÉDUSCOL | Fonctionnement / Fonds / Modalités pédagogiques. tinyurl.com/3x3mr7x5 p 29 |

Points de vigilance

| 10 conseils pour faire sombrer une BCD ! | ACADÉMIE DE VERSAILLES | « Conservez tous les livres donnés, afin de combler les vides des étagères / Excluez le sigle BCD du cahier journal de la classe. » tinyurl.com/2j4u4vwj p. 13 |
| L'école crée une BCD et nous partons de zéro | | Merci de partager votre expérience !   tinyurl.com/mr27p52t |

Pratiques de classe

Le five finger test	Univers classe	« Il s'agit d'un petit moyen tout simple de "tester" la difficulté d'un livre. » tinyurl.com/2yrtmrpy
Un exemple de Charte des utilisateurs de la BCD	Saint Paul en Jarez	Élèves / Parents / Tableau de passage des classes tinyurl.com/c8atvxpw
La BCD en maternelles : activités	idecole	Le lieu BCD / Plaisir de lire / L'objet livre / Lieu de recherche / La fiction / Le documentaire tinyurl.com/2p8hk88x
Un blog pour les élèves dédié à la BCD	Institution SAINT-JEAN	« Tu trouveras toutes les informations et actualités concernant la B.C.D : les projets / les animations / les lectures coups de cœur / les temps forts » tinyurl.com/yckst9du
Une comptine pour apprendre à bien se comporter en BCD	Teacher Charlotte	« Bienvenue dans la BCD... Mais attention à ne pas courir, crier, pour ne pas réveiller les monstres de la BCD ! » tinyurl.com/2p83rru6
Exemple de séquence	académie Dijon	La B.C.D, un lieu pour emprunter, ranger / pour trier, classer / un lieu d'animation / de recherche documentaire tinyurl.com/y6rw2z3w
Une série de 8 affiches sur le thème « C'est quoi un livre ? »	Lutin Bazar	« Les affiches étant indépendantes, elles peuvent être placées dans l'ordre que l'on souhaite. » tinyurl.com/mr2upe8p
Personnage fétiche, le Loup est presque un aide-bibliothécaire !	aefe Agence pour l'enseignement français à l'étranger	« Le Loup de la BCD ne trouve pas de livre à sa taille ! Lui aussi aimerait lire une histoire avant de dormir. Écris-lui une histoire ! » tinyurl.com/5f3vj6nf

Forums

« Bonjour. Je recherche un logiciel de gestion de BCD. » tinyurl.com/rn3fcy4m

« Le responsable du centre de loisirs s'est installé un bureau avec ordinateur imprimante et s'est attribué un placard où il entrepose pas mal de bazar dans la BCD de l'école. » tinyurl.com/mr3jjv5v

« Si un livre emprunté à la BCD pour la classe est abîmé par les enfants, c'est la maîtresse qui le rembourse de sa poche ! » tinyurl.com/yc56sp6m

« Notre magnifique salle de bibliothèque regorge de vieux bouquins en très mauvais état, qui n'attirent pas les enfants, et éclipsent les beaux livres et albums plus récents. » tinyurl.com/uerrcw98

12- Bibliothèque de classe / Coin lecture

Généralités	6 bonnes raisons de créer votre BdC	Beneylu School	« Attention, vous risquez de vous y mettre ! » tinyurl.com/4u6vn37s
	Créer une bibliothèque de classe en 5 étapes	L'univers classe	« ...sans que cela ne prenne trop de temps ni d'argent ! » tinyurl.com/ycny9tb8
	Boites et étiquettes pour ranger les livres	Mitsouko à l'école	« Après une petite virée chez Ikea, j'ai trié les livres par thèmes, et les ai rangés dans des boîtes SAMLA transparentes. Il ne reste plus qu'à y coller une étiquette ! » tinyurl.com/y2ebfxzr

Points de vigilance	Critères d'excellence d'un coin lecture	AQEP	« Sachez que votre coin lecture est qualifié d'excellent si vous en avez coché 9 ou 10. » tinyurl.com/ysy84cr7 p.13
	Les 10 droits imprescriptibles du lecteur	TICs en FLE	« *Comme un roman* de D. Pennac constitue ainsi une critique des techniques, exigences et recommandations de l'Éducation nationale. » tinyurl.com/bpasewew

Pratiques de classe	La roue des réactions pour que quelques élèves parlent rapidement du livre lu	Graines de livres	« Cela permet aux élèves de donner envie aux autres, de présenter des livres différents, de donner l'occasion d'un temps d'oral argumenté… et à l'enseignant de comprendre les goûts des élèves, leurs besoins. » tinyurl.com/jymhf2bu
	Activités pour faire découvrir votre BdC	J'enseigne avec la littérature jeunesse	Domino littéraire / Les voleurs de titres / Rallye littéraire tinyurl.com/ms33uhk2
	Un outil clé en mains	Rallye lecture	« Sélectionner les livres que vous possédez pour créer des rallyes personnalisés parmi les 35 000 questionnaires référencés. » tinyurl.com/2ur4hhyv
	Jeu de piste … littéraire !	La classe de M@llory	« Vous trouverez dans le fichier : la liste des livres pour chaque groupe / les plateaux de jeu / les cartes missions, questions et pénalité » tinyurl.com/36ckdcj9
	Le plaisir de lire tout en faisant un lien entre l'école et la famille	Mme Annelise	« Les enfants ont la possibilité de le ramener à la maison dans un sac qui contient souvent, en plus de l'album, une ou plusieurs activités » tinyurl.com/4fv5yyje
	Apprendre comment emprunter un livre de la bibliothèque	La classe de M@llory	« Je vais vous présenter le classeur d'emprunts de la bibliothèque. Nous verrons ensuite comment l'utiliser. » tinyurl.com/yckuyud8
	Comment créer une Bibliothèque Mobile dans son école	Maitresseoh	« Je gère le turn-over chaque trimestre (Avec ma super caisse à roulettes pliable). L'arrivée des nouveaux livres est une vraie fête ! » tinyurl.com/334tcpzz

Forums

« Je cherche des livres que les élèves liraient tout seuls, sur leur temps libre ou pour leur plaisir (pas d'exploitation en classe). » tinyurl.com/2p88x7v6

« Les peintures s'écaillent partout, les couloirs sont recouverts d'un papier peint marron sale, la bibliothèque date de...pff... » tinyurl.com/4fdmac5e

« Ce système ne fonctionne pas : je retrouve régulièrement des livres déchirés, et ils les "rangent" vraiment n'importe comment. » tinyurl.com/4xnh7x64

« J'avoue que je n'arrive à trouver un fonctionnement correct... » tinyurl.com/p5zbnmmz

13- Bienveillance

Généralités

Les 9 clés de la bienveillance	académie Poitiers	« Deux formes de bienveillance : la bienveillance éducative (veiller au bien-être d'autrui) et la bienveillance pédagogique (avoir de l'ambition pour autrui). » tinyurl.com/3vjyd7pw
5 films d'animation pour sensibiliser	École Positive	« Ils peuvent donner lieu à des discussions/débats en classe ou à la maison. » tinyurl.com/3ssfwf8a

Points de vigilance

La notion est mal comprise	académie Reims	« Le moment de l'évaluation n'a pas à être bienveillant, mais la bienveillance se niche dans l'explication des objectifs non-atteints. » tinyurl.com/5cba4edn p.3
La bienveillance nécessite la pose d'un cadre	Afdet	3 Stars and a Wish : « En Angleterre, le professeur ne peut pas émettre un souhait ("critique") s'il n'a pas au préalable, relevé 3 éléments positifs dans la copie ! » tinyurl.com/y5y3yh6n
Commencer par l'être déjà envers nous-même	APDEP	Conférence par Inès AARON, psychologue scolaire et membre de l'Afdet (*Association française pour le développement de l'éducation thérapeutique*). tinyurl.com/ybzwvbs2

Pratiques de classe

6 affiches pour éducation bienveillante	Monsieur Mathieu	« Elles reprennent aussi les grands principes que je souhaite faire passer dans ma classe. » tinyurl.com/2p8aj574
Enseigner aux élèves à être heureux	Le fabuleux destin d'une enseignante	« La "porte-bonheur" : voici comment le mettre en place avec vos élèves. » tinyurl.com/y8e7dn3x
La douche chaude	École Positive	« L'enfant qui a reçu ces cadeaux peut s'il le souhaite, partager son ressenti et exprimer sa gratitude. » tinyurl.com/y2de8uvm
Le bâton à compliments		« La personne qui a le bâton réfléchit à quelque chose de gentil qui vient du cœur à dire à son voisin. » tinyurl.com/56tj5xu7
6 rituels	Studio technologique d'apprentissage pour rayonner	« On le fait un pas à la fois, régulièrement et ça fait en sorte que ça sécurise beaucoup. » tinyurl.com/2ytxzf3p
À dire à un élève qui perturbe le calme	École Positive	« Il ne s'agit donc pas d'une mise à l'écart punitive mais d'une demande bienveillante. » tinyurl.com/4f24yt6n
Calendrier de l'avent de la bienveillance	École & Bricoles	« À chaque jour, un défi est à accomplir par les élèves jusqu'au départ pour le temps des Fêtes. » tinyurl.com/mppyecyv
Des interdits formulés positivement	Apprendre, Réviser, Mémoriser	: « Non, on ne dit pas ça ! ==> Tu sais le dire avec d'autres mots alors fais-le ! » tinyurl.com/y669msop
Semaine de la bienveillance	La Classe des Petits Loups en CP	« Chaque enfant doit embellir la vie à un autre enfant ne doit être au courant de rien. » tinyurl.com/yc5b6aj5

Forums

« J'ai potassé un livre sur la notion de bienveillance dont voici deux extraits... » tinyurl.com/4w7x55ct	« Cette antienne masque l'impuissance de l'institution à réduire le fossé entre les enfants des classes favorisées et ceux des classes populaires. » tinyurl.com/2tf5uth3	« Alors quoi faire ? Ne plus noter ? Double notation ? Une pour le bulletin, une autre pour les parents qui veulent connaître le vrai niveau de leur enfant (il en reste). Un devoir très très très facile par trimestre et basta ? » tinyurl.com/mrybrt4n

14- Brouillon(s)

Généralités			
	Les brouillons d'écrivains	EXPOSITIONS	Gustave Flaubert / Victor Hugo / Blaise Pascal / Honoré de Balzac / Marcel Proust tinyurl.com/yeyvw98f
	Poèmes		Un cahier de brouillon tinyurl.com/2d5ypdwm / Les cahiers de brouillon tinyurl.com/j8m9vhd5

Points de vigilance			
	Pour les plus en difficulté, il agit plutôt comme un miroir de leurs difficultés personnelles.	hypotheses	« Pour les meilleurs élèves, il constitue un étayage ; pour les plus en difficulté, il agit plutôt comme un miroir de leurs difficultés personnelles. D'où la tentation de briser ce miroir, pour ne pas perdre de temps et aller directement au produit final attendu. » tinyurl.com/5bj5dc66

Pratiques de classe			
	« Se débrouiller avec le brouillon » en cinq séances	ACADÉMIE DE GRENOBLE	1- Observer différents brouillons d'écrivains / Planifier et ensuite rédiger / Les gestes de la réécriture (ajout, suppression, déplacement, remplacement) tinyurl.com/mhkjs95t p.24
	La pratique du brouillon collaboratif		« La planification se fait en groupes et uniquement à l'oral, les élèves disposent d'un temps d'échange pendant lequel ils doivent planifier ce qu'ils vont écrire. » tinyurl.com/3vw7xn9v
	Fiche méthodologique : Comment bien utiliser mon cahier d'essais		« Le cahier d'essais sert très souvent c'est un outil pour chercher. » tinyurl.com/2p9ec7j4
	Du brouillon classique à la carte mentale	Le Bateau Livre	« Les cartes mentales permettent de mettre de l'ordre dans ses idées de façon plus visuelle, facile à mémoriser et ludique à réaliser. Elles sont comme une photo de notre cerveau en train de réfléchir. » tinyurl.com/3trrsdxa
	Cahier 17x22cm, 96p., couverture polypro orange	Lutin Bazar	« L'avantage c'est que nos élèves en prennent davantage soin, gaspillent moins de pages et ont plaisir à l'utiliser. » tinyurl.com/3fnxekah
	Page de garde	Bout de Gomme	« Du CP au Cm2 en passant par la classe ULIS. » tinyurl.com/4y7rj8zb
	Faire découvrir le DRAS en réhabilitant l'usage du brouillon	Enjoy Classroom	« C'est en présentant un brouillon d'écrivain, que j'introduis cet outil et que les élèves vont prendre conscience qu'écrire un texte est une construction. » tinyurl.com/2p82nucn
	Cahier sans enjeux d'évaluation	Kyban	« Je le consulte assez peu car je veux que l'élève si sente plus libre » tinyurl.com/2p8bekj6

Forums	
	« J'aimerais savoir comment vous gérez le cahier de brouillon pour ceux qui l'utilisent encore. » tinyurl.com/2p8hthtr « Travaillez-vous sur brouillon ? (exercices corrigés à l'oral). Merci d'avance pour vos idées… » tinyurl.com/bdz2xvd5 « Je suis convaincu de son utilisation, mais voilà, cette année, avec des CP, je l'ai utilisé seulement une dizaine de fois ! » tinyurl.com/2s82xs4k
	« Doit-on obligatoirement avoir un cahier du jour en plus du cahier de brouillon ? » tinyurl.com/ycxkd64h « Pour le moment, je m'en sers parfois pour les séances de découverte et pour les calculs en devoirs mais je pense qu'il y a mieux à faire avec ce cahier… » tinyurl.com/4mvzkvds

15- Burnout ou Syndrome d'épuisement professionnel

Généralités

3 types de burnouts : "frénétique" / "d'épuisement" / "bore-out".		« Je vais me référer aux ouvrages de Marie Colombel *La méditation anti Burnout* Marabout (2018) ainsi que des travaux de Christina Maslach, conceptrice d'une échelle de mesure du burnout les plus utilisées » tinyurl.com/2p85vnph
Mieux comprendre pour mieux agir	MINISTÈRE DU TRAVAIL, DE L'EMPLOI ET DE L'INSERTION	« Que recouvre le terme de burnout ? / Moyens et actions qui peuvent être mis en œuvre ? / Quelles recommandations peuvent être données ? » tinyurl.com/mr2nyjsh
L'enseignant en burnout a-t-il un effet délétère sur ses élèves ?	IRFSU	« Les épreuves standards ont montré que les élèves des enseignants en épuisement professionnel sont plus compétents en mathématiques et en français. » tinyurl.com/2p8tw9xu p.93

Points de vigilance

Le décalage entre l'idéal et le résultat de mène au burnout	Vocation Enseignant.fr	« "Chaque élève est différent, à vous de vous adapter". Ah oui ? À moins de transformer la classe en une série de mini-cours particuliers, la tâche est impossible. » tinyurl.com/mr28n33p
Quatre phases avant l'embrasement	L'OBS	1- Suractivité / 2- Sentiment de toute-puissance / 3- Frénésie / 4- Effondrement tinyurl.com/mtt4de77

Pratiques

Un site dédié au burnout	noburnout	« Nous collaborons avec l'Université de Lausanne pour proposer aux individus et aux entreprises une prévention efficace du burnout. » tinyurl.com/mt9achc6
Moyens de précaution d'enseignants	HEP BEJUNE	Tableau 22 tinyurl.com/38v68t9w p.44
La gratitude / Le sfumato	Bien enseigner	« En passant à la gratitude, tu enlèves le bandeau qui était sur tes yeux te faisant voir la vie en noir. » tinyurl.com/ypcxfz2v
La relaxation musculaire progressive	wikiHow	« Contracter puis relâcher différents groupes musculaires permet d'atteindre un état de tranquillité et apporte bon nombre d'effets bénéfiques pour la santé. » tinyurl.com/2yzuyuj9
Pour aller mieux, renouer avec son corps		« Il faut veiller à faire plaisir aux cinq sens : écouter la nature, la musique que l'on aime, bien manger, renouer le contact avec ses amis, redevenir insouciant. » tinyurl.com/2chtfkxj
Soyez authentique	santé cool	« C'est s'accepter tel que l'on est sans vouloir se conformer à une image idéale. » tinyurl.com/mwf6k4wh
Les stratégies de faire face appelées "coping"	HEP BEJUNE	Coping centré sur le problème / Coping centré sur l'émotion / Coping « besoin de communiquer » / Adoption « d'un style d'enseignement traditionnel » tinyurl.com/38v68t9w p.16

Forums et témoignages

« Six enseignants interviewés » tinyurl.com/38v68t9w p.33 à 45

Burnout : témoignages et analyses tinyurl.com/mr25vhz6

« Témoignages sélectionnés par la

« Lire son histoire et savoir comment elle a remonté la

« Ce n'est pas drôle de s'effondrer un jour, comme cela, un jour comme un autre et de ne pas comprendre. » tinyurl.com/yckuw6x5

16- Cahiers de l'élève

Généralités

On se repère bien mieux dans un petit cahier		« Pour moi, les inconvénients des grands cahiers sont multiples » tinyurl.com/yvyvsyjp
Le classeur : pertes et fouillis		« Un véritable cauchemar si dans la classe on ne met pas en place un temps quotidien pour le gérer » tinyurl.com/2p8hdpv7
Je m'acharne à utiliser des classeurs en CE2		« Un article pour expliquer pourquoi. » tinyurl.com/2p8cktr2
Les cahiers de mes élèves		« Si vous avez la tête dans vos commandes, cet article vous donnera peut-être quelques pistes. » tinyurl.com/3fnxekah
Oubli des cahiers en préparant le cartable		« Un élève responsable pose chaque soir des aimants sur la liste du matériel à emporter. » tinyurl.com/y5khjg29

Pts de vigilance

L'utilisation du classeur : six séances pour un apprentissage à part entière		1. Se faciliter la vie / 2. Les intercalaires / 3. Découvrir le sommaire / 4. Ranger une leçon au bon endroit / 5. Faire des rappels fréquents / 6. Mettre les parents à contribution. tinyurl.com/2p8cktr2

Pratiques de classe

Soin et présentation des cahiers		Un code de présentation des cahiers tinyurl.com/mvnfah5b / Les pages de garde tinyurl.com/27zu9zht / Un contrat pour améliorer la tenue du cahier du jour tinyurl.com/3pwvxzc6
Le cahier du jour		Modèle de présentation tinyurl.com/2mz7647j / Embellir le cahier du jour par des frises tinyurl.com/3ktuxpwv
Le cahier de textes		Fiche méthodologique tinyurl.com/5yvmatnk
Le cahier de réussite et fichier de progrès		« Sans plus attendre, voici une description plus détaillée de leurs contenus et de leurs utilisations. » tinyurl.com/3kczp2py
Le cahier des apprentissages		« Chaque soir, les enfants récapitulent par écrit ce qu'ils ont appris au cours de leur journée. » tinyurl.com/y3azppv8
Le cahier de vie		« Il est emporté régulièrement à la maison. Cette fréquence peut être de une fois par semaine. » tinyurl.com/yv7chwpa
Le carnet de lecteur		« Mon mémoire porte sur ce dispositif. Je peux donc expliquer en quoi cela a été utile dans ma classe. » tinyurl.com/bddb6vp5
Le cahier de roulement		« Vous inscrivez à la première page questions ou problèmes qui vous tracassent et vous faites suivre le cahier dans un ordre indiqué sur la couverture. » tinyurl.com/y3a3drkc
Le cahier de règles		« Le cahier de règles est appelé, pour ma part, cahier-mémo. » tinyurl.com/2p932hfk

Forums

« Je compte utiliser une fiche de suivi du cahier du jour. » tinyurl.com/bddn4fbu

« Un parent séparé demande d'avoir un double des cahiers de son enfant car communication difficile avec la maman. » tinyurl.com/23b4v4zk

« Un élève de ma classe en CE2 oublie presque systématiquement ses cahiers pour apprendre ses leçons. » tinyurl.com/yckwccbe

« À chacune de mes inspections, on m'a reproché la tenue des cahiers. » tinyurl.com/bddn4fbu

17- Cahier-journal

Généralités

Le CJ n'est pas légalement exigible	Professeurs des écoles	« Il l'était jusqu'en 1881, c'est à cette date que Jules Ferry légiféra pour le supprimer. » tinyurl.com/yz8tpdw8
Le CJ va devenir votre ami	être PROF	« Inspection ou pas inspection, votre cahier ne vous quittera plus jamais ! » tinyurl.com/bp8dussx
Faciliter l'écriture des compétences	Les (bonnes) notes de JR	« À chaque compétence correspond un numéro de code. » tinyurl.com/nf879t7z
Faciliter l'écriture du déroulement	académie Versailles	« Pour les séances avec fiche de préparation, on notera le renvoi à la fiche, avec son objectif. » tinyurl.com/ypjwh2kw

Points de vigilance

Trop complexe à remplir au quotidien	Objectif Maternelle	« Je ne travaille plus avec cet exemple de cahier journal. » tinyurl.com/2p8z7bvm
PES, il est nécessaire que cela vous convienne à vous	La classe de Johanna	« Cependant il est préférable de respecter les exigences de vos tuteurs pour éviter les conflits. L'année est déjà assez difficile comme ça. » tinyurl.com/5mabxzra

Pratiques de classe

Rallye-Lien sur le CJ		tinyurl.com/yc6pyfmx tinyurl.com/3b5249bc tinyurl.com/2p8zme7h tinyurl.com/38y5uyya tinyurl.com/bdd7uj4a
Un CJ fonctionnel c'est comme avoir trouvé le Graal	MAITRESSE DE LA FORÊT	« Je vais juste tenter de vous raconter mon histoire avec le cahier journal depuis l'obtention de mon concours en 2010 ! » tinyurl.com/2rp4u2kz
J'ai laissé tomber le CJ inutile	LE LIVRE DE SAPIENTA	« Est-ce que j'ai été perdue ? Oh... ben non en fait. » tinyurl.com/5n8kp927
Un enseignement adapté aux phases d'attention des élèves	ÉDUSCOL	« Prendre en compte et anticiper les phases d'attention des élèves avec le positionnement des contenus d'enseignement. » tinyurl.com/mrrukhhm
Un CJ modifiable et réutilisable	BACK TO SCHOOL	« Voici donc le cahier journal sur lequel j'ai craqué ! J'ai préparé un tutoriel. » tinyurl.com/2p956xy4
À chacun son CJ	Les gestes professionnels à l'école primaire	« Pour le remplaçant, le cahier-journal, même très bien tenu, apparait comme un joyeux fatras. » tinyurl.com/uhj2tnb7
Le CJ de l'élève	Les gestes professionnels à l'école primaire	« L'enfant à l'école n'a aucune vision globale de ce qu'il est censé apprendre, ni à quel rythme. » tinyurl.com/yuc6rf4f

Forums

« J'aimerais savoir quel format vous utilisez pour votre cahier-journal. Je sais que c'est une affaire perso, mais ça m'aidera peut-être à trouver le mien ! » tinyurl.com/5n8bmzpj

« Qu'en faites-vous une fois l'année scolaire terminée ?! » tinyurl.com/kkx23aej

« Mon inspecteur m'a dit que mon cahier journal était trop compliqué et qu'il fallait le simplifier de même que mes progressions et programmations. » tinyurl.com/2sbxyvfd

18- Calme en classe

Généralités

L'environnement sonore à l'école … Agis-sons !	bruxelles environnement .brussels	« L'objectif de ce dossier pédagogique est de sensibiliser les enfants à leur environnement sonore et aux conséquences que peut avoir le bruit sur leur bien-être. » tinyurl.com/2t2w22dt
Comment hiérarchiser les niveaux sonores d'une voix ?	la fille à fossettes	« Because my practicum is in French Immersion, I made my own version, in French, that I would like to share with you today! » tinyurl.com/377nub2m
À quel seuil le bruit devient-il dangereux ?	consoGlobe	« À partir de 100 dB, le bruit peut présenter un sérieux risque pour la santé. » tinyurl.com/2s3kfuam

Points de vigilance

Effets sur les comportements des élèves	CIDB	Participation réduite / Inattention chronique / Agressivité, l'irritabilité / Fatigue / Agitation tinyurl.com/2r6zasar p.17
Le bruit à l'école affecte aussi les enseignants …	CIDB	« Pas d'adaptation physiologique au bruit… après des années d'exposition au bruit, l'organisme réagit toujours. » tinyurl.com/2r6zasar p.29
Il faut montrer l'exemple	Zaubette	« Il vaut mieux donc parler soi-même à mi-voix, calmement, posément. » tinyurl.com/yyyj4r72

Pratiques de classe

Calme et attentif comme une grenouille	Tilékol	« On écoute la grenouille 2 fois par semaine et cela me fait du bien à MOI aussi… » tinyurl.com/2sv2kdzm
Le retour au calme	lakanal	Astuces envoyées par les visiteurs du site tinyurl.com/2kv8btzf
Apprendre à chuchoter	Charivari à l'école	« Une comptine que l'on dit à voix normale, puis en murmurant, puis en chuchotant. » tinyurl.com/hpr34cdv
Un exercice quand on change d'activité	Du CP au CE2 épitole à l'école	Être calme / Se concentrer / Être attentif / Se déplacer calmement / Bouger calmement tinyurl.com/ycy7c9p3
Chaque équipe reçoit un carton vert	SNUipp FSU	« En cas de débordement, elle reçoit un carton rouge (de la part de l'enseignant(e)). Les élèves ne peuvent plus parler, ils ne peuvent que communiquer par écrit. » tinyurl.com/2va2tm5j
Répliques pour obtenir le silence	école Bricoles	« Changez vos répliques quand elles sont bien acquises pour garder vos élèves intéressés. » tinyurl.com/yc2krepx
Give-me five !	La classe de DameDuBois	« Ils savent que cela veut dire que j'ai besoin qu'ils mettent en route les 5 "moteurs" de l'attention. » tinyurl.com/2p9dycfb
Un baromètre sonore !!!	BACK TO SCHOOL	« Lorsque les élèves arrivent dans la rouge c'est la punition. » tinyurl.com/yc8hnshc
Document de mise en œuvre du class-yes	Mélimélune	« Je vais vous apprendre le signal que je vais utiliser pour vous dire de prendre la position d'écoute. » tinyurl.com/mvzxaw4r
Des cartes pour le gardien du calme	ReCreatisse	« Elles sont placées sur le bureau de l'élève pour le féliciter ou lui expliquer comment ajuster sa voix. » tinyurl.com/y578ws4x

Forums

« CD(s) à passer à mes MS pendant leur temps calme/de repos afin d'enrichir leur culture musicale. » tinyurl.com/2p83wucm	« Ils ont l'air bien calme ces enfants quand la maitresse est là, pourquoi pas avec moi ! Et là c'était le cirque ! » tinyurl.com/5b6hkhbr	« Comment faites-vous pour que ce soit calme dans le couloir pendant l'habillement ? » tinyurl.com/27t3des9

19- Cartes mentales / heuristiques / conceptuelles

Généralités

Les usages de la CM		Clarifier / Présenter / Organiser / Préparer / Rédiger / Stimuler / Mémoriser tinyurl.com/4yv9kvdc
Trois types de CM		Généraliste / Spécifique / Thématique tinyurl.com/bdz239nr
Un rallye-liens		Accédez aux blogs participants tinyurl.com/mr27jdst

Points de vigilance

Certains ont aimé, d'autres non		« Il m'a semblé intéressant de mettre après coup les différentes réflexions que j'ai pu entendre pendant la mise en place de la carte mentale en classe. » tinyurl.com/3p7x2768 p.35
La CM respecte cinq règles		« Si la carte mentale peut être créée librement, elle respecte néanmoins quelques règles de création. » tinyurl.com/2p8mdj87

Pratiques de classe

Des applications pour créer des CM		Framindmap, MindMeister GitMind, XMind, VUE tinyurl.com/2vn9r3wa
3 CM sur un même sujet		À renseigner / Pré-renseigné / Renseigné tinyurl.com/ye292fax
À vos marques… Prêts ? Cartez !		- Sept séances d'apprentissage tinyurl.com/bdh2mwev - Une démarche en cinq phases tinyurl.com/y2u98hff
Critères pour évaluer		Sur le fond / Sur la forme tinyurl.com/39abyzz9
Des CM comme supports d'évaluation		- Expliciter les critères d'évaluation tinyurl.com/mfj4m3hr - Une carte partiellement remplie tinyurl.com/ysspkdj9 - Positionner sous forme de carte tinyurl.com/4syzhuh4
Restituer un conte		Sept étapes tinyurl.com/yckn5e7j
CM collective		« Cette collaboration en petit groupe va permettre d'enrichir la réflexion tout en gardant le caractère personnel du travail de chaque élève. » tinyurl.com/4byb97c3
Les moyens de transport		Air / Eau / Terre tinyurl.com/3hjkwja8 p.17
Je me présente		Valeurs / Physique / Qualités / N'aime pas / Aime tinyurl.com/yn8jcedp
Le nom		Personne / Animal / Chose / Sentiment / Nom commun / Nom propre tinyurl.com/2tyvb8wz
Règles de vie		Ici on... ...s'entraide / ...fait de notre mieux / ...reste positif / ...pose des questions / ...prend soin de nous / ...est poli tinyurl.com/y74fbpc8
Pour se rappeler la C-Q-Q-C-O-Q-P		Comment ? Quoi ? Qui ? Combien ? Où ? Quand ? Pourquoi ? tinyurl.com/axdtyxhd

Forums

« Débarquant (c'est bien le terme...) en Cm2 à la rentrée après 12ans de décharges en mater et C2, je me plonge dans le C3. Je m'intéresse beaucoup aux cartes mentales et je voudrais savoir comment vous fonctionnez : les élèves construisent la carte avec vous, mais est-ce qu'ils la recopient après "refaçonnage" sur leur cahier de leçons ? Affichez-vous en A3 ? À vos claviers pour m'instruire ! » tinyurl.com/mpn9u2cb

20- Climat scolaire

Généralités

Rapport pour le conseil scientifique de la DGESCO	café pédagogique	« Un groupe international de chercheurs et d'experts de terrain a élaboré cette synthèse et est parvenu à un consensus sur les propositions. » tinyurl.com/497s8sa4
Cinq facettes du climat scolaire		Le climat relationnel ou social / éducatif / d'ordre et tranquillité / de justice / d'appartenance tinyurl.com/4btadn9n p.15
Dans le 1er degré, 91,6 % le jugent "plutôt bon" ou "bon"	FAS & USU	« Les jeunes enseignants (moins de 6 ans d'ancienneté) apparaissent plus négatifs surtout lorsqu'ils travaillent dans l'éducation prioritaire. » tinyurl.com/2s3z4pda p. 1

Points de vigilance

Un outil d'auto diagnostic	ÉDUSCOL	« En amont pour dépasser le ressenti et de disposer de données objectivées / En aval afin d'assurer un suivi / De façon indépendante à l'occasion d'une réflexion sur le projet d'école. » tinyurl.com/2cjtzkvz p.11
Sanctionner et non punir !	académie Nancy-Metz	« Mieux vaut sanctionner, c'est-à-dire lui faire comprendre qu'il y a un prix à payer pour avoir commis une faute ou enfreint une règle. » tinyurl.com/y2swctls p.12
Le sentiment d'appartenance	ifé	« Fort peu développé en France, il est aussi une condition essentielle pour un meilleur climat scolaire et pour favoriser les apprentissages. » tinyurl.com/45zv9hhu

Pratiques de classe

Sept facteurs sur lesquels il est possible d'agir	ÉDUSCOL	Trois entrées : s'informer pour connaitre définitions et données / agir pour envisager pistes et modalités possibles / s'inspirer pour regarder ce qui se fait ailleurs. tinyurl.com/2cjtzkvz p. 22
Agir sur le climat scolaire à l'École primaire	CANOPÉ	« Climat scolaire est un site web collaboratif. Vous y trouverez outils, résultats de recherches, expériences concrètes. » tinyurl.com/45sf8szj
Si le voyage vous intéresse, différentes voies vous sont offertes		Un canevas pour chaque action : introduction et buts / déroulement pratique / facteurs clés de succès / risques et difficultés / résumé / exemples. tinyurl.com/2k6nbm2z
Identifier, reconnaitre, nommer exprimer les émotions	HAL open science	« Certains moyens de prévention et de gestion de la violence permettraient d'améliorer le climat scolaire. » tinyurl.com/y248d3yp p.23
Éduquer à l'empathie	vousnousils	« Quand l'on crée les conditions pour que les élèves, mais aussi l'enseignant, puissent imaginer l'autre comme une version possible de soi, ces derniers auront plus de difficultés à s'agresser les uns les autres. » tinyurl.com/y6ya2p57
L'Arbre de Confiance	TrustInside	7 facteurs de l'Arbre de Confiance. » tinyurl.com/y23tmftk
Pour développer un sentiment d'appartenance	académie Poitiers	Je suis attentif pour l'élève / pour les enseignants / pour le directeur d'école / pour les parents / pour les personnels / pour les partenaires tinyurl.com/bdkttfdd p.5
Ex de projet d'école	académie Nantes	Axe 1 (années 1-2-3-4) tinyurl.com/53p99n8n

Forums

« Les années passant, de fortes personnalités et des enfants à besoin particuliers se sont rajoutés sur des promos déjà difficiles. L'équipe enseignante a tant bien que mal réussi à garder la tête hors de l'eau, en réfléchissant aux répartitions, en multipliant les actions en classe, en enchaînant les équipes éducatives... » tinyurl.com/4mjezwzn

21- Co-intervention / co-enseignement

Généralités

Quelle différence entre co-interventions et co-enseignement ?	ÉDUSCOL	Dans les trois premières configurations il y a co-enseignement / La quatrième configuration implique aussi une co-présence mais sans intervention / Dans les trois dernières configurations, il y a seulement co-intervention tinyurl.com/bddtbjkn p.2
4 modalités avec un intervenant extérieur	académie Nice	Délégation pure et simple / Partage des fonctions / Partage du groupe classe / Collaboration effective tinyurl.com/mr22ty26
5 modèles de coenseignement	HEP BEJUNE	Le soutien / Deux enseignants, deux sous-groupes hétérogènes, un même contenu / Deux enseignants, deux sous-groupes homogènes, un enseignement complémentaire / Des sous-groupes multiples, un contenu variable / L'enseignement en équipe tinyurl.com/3rmakten p.20

Pts de vigilance

10 repères pour la mise en œuvre du dispositif	É	Points de vigilance / Recommandations / Dérives à éviter tinyurl.com/2zhk7zsz
Quelle efficacité ?	HAL open science	« Les dispositifs comparables sont loin de fournir des résultats systématiquement positifs » tinyurl.com/2p88av94 p.21

Pratiques de classe

Un petit Vadémécum	Teacher Charlotte	« Pour aider mes collègues, qui, elles, n'ont pas le temps de se documenter sur le sujet, à y voir plus clair et à "rester dans les clous" du dispositif. » tinyurl.com/2tczbyzm
Tout est à repenser	WebPédago	Ma classe, mes élèves, mon local / Accepter d'être observé / Préparation en commun / Avoir une vision compatible / Faire confiance / Adapter son espace, tinyurl.com/msdvtw4n
Analyses de situations	L'école de Jojo	Intervention en tandem / En atelier / Dédoublement de classe tinyurl.com/mre7t4wa p.4
Des séquences de co-intervention	ACADÉMIE DE POITIERS	« Elles sollicitent les intelligences multiples et s'appuient sur les postures complémentaires des enseignants. » tinyurl.com/wtp94jxu
Une année de PMQC, ça ressemble à quoi?	L'école de Jojo	« L'organisation, prend beaucoup de place au début. Mais une fois rodée, on se préoccupe davantage de la pédagogie, ce qui est bien plus intéressant ! » tinyurl.com/y26us5s9
Grille de planification	CTREQ	tinyurl.com/2p99nh53 p.40

Forums

« Dans mon école il y aura une collègue à la rentrée qui s'est proposée M+. On a appris il y a quelques jours qu'elle devra intervenir seulement en co-intervention. Pour ma part, cela ne me dérange pas, j'aime bien ce dispositif, je travaille beaucoup comme ça avec la maître E pour la production d'écrits. Cette collègue part à la retraite cette année, je ne me suis jamais sentie jugée, au contraire j'ai aimé l'observer dans sa pratique. Dans l'école, on a peur en revanche de perdre le poste de maître E au profit du maître +. » tinyurl.com/mr2mc5n7

22- Comparaisons internationales

Généralités

Résultats PISA 2018	OCDE	PISA est une enquête en vue d'évaluer les connaissances des élèves de 15 ans et de déterminer ce qu'ils peuvent faire grâce à leurs connaissances. tinyurl.com/2p8tzv3d
Résultats TALIS 2018	OCDE	Comment les enseignants mettent-ils en œuvre leurs pratiques pédagogiques en fonction de la composition démographique et socioculturelle des salles de classe et au climat de l'établissement. » tinyurl.com/3zp3y8y4

Points de vigilance

Ces comparaisons sont-elles des outils ? des indicateurs ? des leurres ?	Questions d'Éduc	« S'il est quasiment impossible d'identifier les facteurs provoquant tel point fort ou telle lacune, ces comparaisons permettent de les rendre visibles et de s'en préoccuper… ou pas ! » tinyurl.com/3teaw4aw
Repenser les comparaisons internationales ?	THE CONVERSATION	« Il est une autre dimension qui semble devoir être mieux mise en œuvre au sein de la discipline comparative en éducation. Il s'agit d'une approche civilisationnelle. » tinyurl.com/2p8sd5t4
La Finlande peut-elle être un modèle ?	SÉNAT	« Pas de "recette idéale" mécaniquement transposable... mais un faisceau de facteurs invitant à l'autoévaluation. » tinyurl.com/2dwj8bf3

Éléments comparatifs

Comment fonctionnent les systèmes scolaires dans le monde ?	PIE	USA / Japon / Mexique / Chine / Canada / Allemagne / Russie / Suède / Afrique du Sud / Corée / Colombie / Mongolie / tinyurl.com/mr86yuh9
L'Europe de l'Éducation en chiffres 2020	DEPP	« La majorité des indicateurs sélectionnés ou construits pour cette publication ont pour source Eurostat. Sont également mobilisées des sources de l'OCDE, d'Eurydice, de l'IEA et de l'Institut de statistique de l'Unesco. » tinyurl.com/yxmraxtx
Écoles d'Europe	CANOPÉ	35 reportages, 300 interviews d'experts et décideurs français et étrangers ; des fiches "Focus". tinyurl.com/4xp6vsjy
Décryptage et exemples de bonnes pratiques étrangères	Institut Montaigne	Impact de l'origine socio-économique sur la réussite / Des élèves issus de l'immigration en échec scolaire / Bien-être et confiance / Impact du genre. tinyurl.com/3ua3zz5s
La France, numéro un des inégalités (Pisa 2021)	TV5 MONDE	« Une différence de 107 points entre les élèves issus d'un milieu favorisé et ceux issus d'un milieu défavorisé (89 pts en moyenne dans l'OCDE). » tinyurl.com/yckkzd6b
La formation des enseignants	ministère éducation nationale	« Une corrélation positive entre le sentiment d'efficacité personnelle et l'inclusion d'activités pédagogiques pratiques dans la formation initiale. » p.56 tinyurl.com/37htbkn5
Une Photographie du métier de professeur des écoles début 2018	ministère éducation nationale	« Les enseignants français du premier degré expriment un ressenti globalement positif et comparable à celui rapporté par leurs collègues européens. » tinyurl.com/382mb3jb
Le numérique à l'école	ministère éducation nationale	« L'utilisation des outils numériques est encouragée pour les élèves en difficulté d'apprentissage, ceux socialement défavorisés et les élèves handicapés. » tinyurl.com/yckweewu p.1
La notation et l'évaluation des élèves	ministère éducation nationale	Quelques pratiques d'évaluation : Québec / Corée du Sud / Finlande / Hong-Kong / Pays-Bas tinyurl.com/yckr4aab

23- Comportements de l'élève

Généralités

Problèmes de discipline vs problèmes de comportement	ACADÉMIE DE NANCY-METZ	« Un problème de discipline est un comportement inacceptable qu'il est possible de modifier en appliquant les règles usuelles d'encadrement prévues dans les règles de l'école et de la classe. » tinyurl.com/4nswydnj
Deux types d'intervention : préventives-proactives et curatives-correctives	TA @l'école	« Les interventions préventives favorisent ainsi l'adoption des comportements souhaités tandis que les interventions curatives ou correctives sont à employer lorsque des élèves manifestent des écarts de conduite. » tinyurl.com/5h7c3d26
Trois types de sanctions	Enseignez en élémentaire	La frustration / La mise à l'écart temporaire / La réparation tinyurl.com/y2c5ddrg

Pts de vigilance

Comportements réactifs chez l'enseignant	Enseignez en élémentaire	Défensif (repli lié à l'incompréhension) / Résignation (acceptation progressive de l'inacceptable) / Colère (pourquoi ces élèves sont ici ?) / Refus de se constater en difficulté tinyurl.com/y2c5ddrg

Pratiques de classe

Comportements de l'élève : grille en 9 domaines	RETZ	Comportements observés ou interprétés / Comportements adaptés / Hypothèses et renvois aux fiches conseils tinyurl.com/2p8k9rn3
Comment diminuer un comportement indésirable ?	ENS ÉCOLE NORMALE SUPÉRIEURE	Identifier, réduire, éliminer les antécédents du comportement / Identifier, expliciter, récompenser les comportements opposés positifs / Utiliser les antécédents pour augmenter la probabilité des comportements désirés / Punir si nécessaire, en minimisant les effets pervers tinyurl.com/yd82796s
Rallye lien	La classe de Crapi	Gestion du comportement tinyurl.com/y4kcnrgz
L'enseignement explicite des comportements		Notes de lecture et mise en parallèle avec ma pratique actuelle tinyurl.com/y68tjr8n
La gestion d'une situation de crise	Enseignez en élémentaire	Sur une situation qui semble gérable / Quand la situation dégénère tinyurl.com/y2c5ddrg
Fiches d'autoévaluation modifiables	DES YEUX DANS LE DOS	Une grille hebdomadaire de co-évaluation du comportement / Le papier à destination des parents / Une fiche de réflexion qui intervient après un incident tinyurl.com/ub7dbucu
Comment signifier le comportement de l'élève ?	univers classe	Un dé sur leur bureau tinyurl.com/bdzhej4n / Le cahier de comportement tinyurl.com/bdhhwfsu / La fleur de comportement tinyurl.com/3chjxwe4

Forums

« En motricité il court partout et se jette au sol, n'écoute pas et crie aussi, en classe il embête ses camarades. » **tinyurl.com/8atajzwe**	« Pensez-vous qu'il est pertinent en maternelle de mettre en place un tableau de comportement ou est-ce trop tôt pour des enfants de cet âge ? » **tinyurl.com/udaxwzwr**	« Cela fait plusieurs fois que je discute avec des parents d'enfants très difficiles qui prônent l'éducation "bienveillante". Malheureusement, en classe, ces enfants n'ont aucune règle, cherchent constamment le cadre, ne travaillent pas du tout. » **tinyurl.com/mrybj6zd**

24- Confiance en soi

Généralités

Image de soi, estime de soi, confiance en soi : quelles différences ?	PedagoPsy.eu	« La confiance en soi, c'est le résultat de l'évaluation que je fais de ma capacité à résoudre un problème, à faire face à une situation donnée. » tinyurl.com/yj8p65v8
La confiance en soi et le rôle des parents	L'ENFANT ROI	« Ce sont les parents en premier qui stimulent la confiance en soi de leur enfant. » tinyurl.com/2epmp4eu
D'où vient la confiance en ses capacités d'apprentissage ?	PSY.BE	Des performances passées / De l'observation des performances d'autrui / Des messages de l'entourage / Des états physiologiques et émotionnels. tinyurl.com/y6htyymc
Les résultats de l'étude PISA	Cmon école	« Les élèves français sont plus anxieux, moins persévérants, et ont moins confiance en eux » tinyurl.com/4sbdhwj6

Points de vigilance

L'école est perçue comme érodant la confiance des jeunes	la Croix	« Seuls 35% des parents ont le sentiment que le système scolaire actuel aide les jeunes à prendre confiance en eux et parmi eux seuls 3% tout à fait. » tinyurl.com/2p9c8xa7
La confiance en soi est sectorielle	PSY.BE	« Il est important de bien identifier là où le bât blesse. » tinyurl.com/y6htyymc
L'évaluation sommative ne convient qu'aux élèves qui ont confiance en eux	UNIVERSITÉ DE GENÈVE	« Comme c'est le cas en Finlande, l'élève devrait pouvoir tester ses compétences au moment où il se sent prêt et non pas en fonction d'un programme préétabli ou d'une évaluation commune. » tinyurl.com/2fd4f6ny

Pratiques de classe

"Objectif confiance en soi"	Lala aime sa classe	« Quand ils n'y arrivent pas, reconnaître les qualités déployées pour s'investir dans la tâche » tinyurl.com/yxzwmlwr
Encourager plus que complimenter	EPOPIA	« Un compliment émet un jugement de valeur. "Ton dessin est joli" colle une étiquette à l'enfant et n'ouvre aucun dialogue. Au contraire, un encouragement se base sur un fait précis, objectif ; il valorise un travail, un progrès, un choix tinyurl.com/y2rnz8zo
Chaque matin, il complimente ses élèves un à un.	POSITIVR	« Cette petite initiative aussi sympathique qu'inhabituelle lui permet d'asseoir une grande partie de sa pédagogie basée sur la confiance et le respect mutuel. » tinyurl.com/y6s4yahm
Trouver une pensée alternative plus positive Une technique d'affirmation de soi	Thérapie Comportementale Cognitive	« Apprendre à votre enfant à repérer ses pensées négatives. Ensuite, imaginer une autre interprétation, tout aussi plausible, mais positive cette fois-ci. » tinyurl.com/y3vsw6tn p18 L'expression "ET ALORS !" tinyurl.com/y3vsw6tn p.19
10 outils et méthodes	PAPA POSITIVE	L'escalier de la confiance en soi / La roue des choix / 28 phrases à dire. tinyurl.com/yxe6d2vm
Je suis un soleil	ÉCOLE POSITIVE	Une méditation pour rayonner de confiance en soi et en répandre autour de soi. tinyurl.com/y4y5hqgj
Les cahiers d'activités Filliozat	Nathan	« Pour inviter l'enfant à s'exprimer et à vivre mieux avec lui-même et avec les autres. » tinyurl.com/2p92s5nx

Forums

« Je souhaiterais travailler la confiance en soi avec certains de mes élèves (MS) en APC, mais je manque d'idées pour les activités. J'envisageais de travailler dans les différents coins de la classe mais que leur demander de faire ? » **tinyurl.com/yc7nwexy**

25- Conseil d'élèves

Généralités	Une pratique démocratique à l'école	COUNCIL OF EUROPE / CONSEIL DE L'EUROPE	« Au chapitre 7, les réponses aux questions concernant le développement de la pratique démocratique à l'école. Ces questions procèdent souvent d'une réticence assez naturelle à concéder une partie de son pouvoir. » tinyurl.com/y26t5bdm
	Un moyen d'explorer les 4 dimensions de l'EMC	ÉDUSCOL	La sensibilité : soi et les autres / Le droit et la règle : des principes pour vivre avec les autres / Le jugement : penser par soi-même et avec les autres / L'engagement : agir individuellement et collectivement tinyurl.com/3t7dup7k
	4 objectifs au Conseil d'élèves	académie Grenoble	Élaborer des projets communs / Organiser et coordonner la vie de la classe / Définir des règles de vie collective / Gérer les conflits tinyurl.com/y4h6vffw
	Est-il spécifique aux pédagogies coopératives ?	Bla-bla... cycle 3	« Il peut s'appliquer dans n'importe quelle classe. À condition, pour l'enseignant, d'accepter de perdre une certaine raideur et un semblant de toute puissance. » tinyurl.com/ycks8bmx
Points de vigilance	3 fonctions pour l'enseignant	académie Grenoble	Fonction de clarification / Fonction de contrôle / Fonction de facilitation tinyurl.com/y4h6vffw
	Trois dérives possibles	académie Nantes	- La dérive démagogique / - La dérive judiciaire / - La dérive psychosociologique tinyurl.com/y28xafyk
	Le rôle de l'enseignant est primordial	éduscol	« Il a pour mission de créer, de faire respecter les conditions démocratiques du débat et de susciter un climat de confiance. » tinyurl.com/3t7dup7k
Pratiques de classe	Exemple de déroulé	ÉDUSCOL	"Surtout les premiers conseils, l'enseignant peut rappeler l'enjeu et les objectifs principaux du conseil en explicitant pourquoi les élèves sont réunis." tinyurl.com/3t7dup7k p.4
	Documents pour la mise en place	Chez Val 10	« Faire une séance sur "le conseil d'élèves c'est quoi ?" et donner une trace écrite aux élèves. » tinyurl.com/yyq7cz4k
	Les messages clairs	HELHa Haute École Louvain en Hainaut	Je suis content(e) / Je souffre tinyurl.com/y4zessp3 p.12
	Le droit à réparation	académie Grenoble	« Les 2 parties se mettent d'accord. Du coup, l'enfant agressé ne reste pas longtemps victime ; il prend ensuite le pouvoir sur son agresseur. » tinyurl.com/y4h6vffw
	Tester une solution puis faire le point plus tard	Kyban	« Plutôt que d'apporter ma solution toute prête, je suggère (ou celui qui mène l'échange) de tester la solution proposée une semaine et de faire le point. » tinyurl.com/yxlzy3mn
	Mes interventions au Conseil		« J'interviens, le Conseil est un lieu de réflexion pas de jugement. » tinyurl.com/yxk9zxzn
	Une organisation rigoureuse de l'espace	HELHa Haute École Louvain en Hainaut	« En cercle, assis sur des chaises, ce dispositif permet à chacun de se sentir intégré dans le groupe et de participer au même titre que les autres. » tinyurl.com/y4zessp3 p.3

Forums

« Comment arrivez-vous à le placer dans l'emploi du temps, sans empiéter sur les autres domaines ? » tinyurl.com/2p9fb7r6

« Lors d'un stage d'observation, une MAT organisait chaque semaine un conseil d'élèves. » tinyurl.com/59bhdbpc

« Avez-vous dans votre école des conseils de délégués (avec les délégués de chaque classe) ? » tinyurl.com/mvrec8dv

26- Conseils à l'école

Généralités

Compétences des différents conseils	ÉDUSCOL	Conseil d'école / Conseil des maîtres / Conseil de cycle / Conseil école-collège tinyurl.com/mpvb2pw6
Principes pour bien gérer les réunions	académie Amiens	« Le directeur doit se poser un certain nombre de questions pour que les réunions soient vécues positivement et créent un climat dynamique dans l'école. » tinyurl.com/y2z285d8
Conseil d'école : quelques rappels	SNUDI72 FO Sarthe	« Composition et fonctionnement sont bien définis par les textes. Il peut vous être utile d'y faire référence pour vous protéger de pressions éventuelles. » tinyurl.com/2bjrzaw5

Points de vigilance

Le sentiment que l'accessoire y prend la place de l'essentiel	SÉNAT	« L'organisation générale des enseignements, les activités annexes, les objectifs de l'enseignement, les résultats obtenus par les élèves et la mise en œuvre du projet de l'école, ne sont qu'insuffisamment abordées. » tinyurl.com/y4ybywgn
Les limites du fonctionnement de la démocratie		« La démocratie n'est aucunement intégrée dans les comportements. La notion de représentation des intérêts collectifs est quelque chose de bien lointain. » tinyurl.com/y5lkyg2n
La prise de décisions	Ontario	« Il existe deux moyens fondamentaux : le moins protocolaire est d'arriver à un consensus ; le plus protocolaire est de procéder par scrutin. » tinyurl.com/y327e7da 8.8

Pratiques

Exemples ordres du jour Conseils des maîtres		« Voici donc mes ordres du jour de l'année écoulée, sachant qu'il y a des invariants où que vous soyez mais aussi que selon chaque école, ils sont à adapter. » tinyurl.com/337pyrs6
Comment bien préparer le conseil d'école ?	MAITRESSE DE LA FORÊT	« Grâce à mes quelques années d'expériences, je vous livre, aujourd'hui, quelques petites astuces et conseils pour préparer et gérer au mieux le conseil d'école. » tinyurl.com/yydvldx9
Trame pour les conseils de cycle		« Rien de bien original, mais c'est un outil très pratique que j'utilise pour les conseils de cycle. Elle a été construite à l'aide de notre enseignant ASH » tinyurl.com/yybxcq7v
Gérer des conflits	académie Strasbourg	« Directeurs et personnels de l'équipe de circonscription ont élaboré une fiche méthodologique quant aux conflits qui peuvent exister avec des parents ou encore des membres d'une équipe éducative. » tinyurl.com/yychpvcm
Évaluez l'efficacité de votre conseil	Ontario	Exemple de questionnaire tinyurl.com/y327e7da 5.10
Pour aider à animer les réunions		Méthodes pour stimuler la discussion / Méthodes pour générer des idées tinyurl.com/y327e7da 8.11

Forums

« Bonjour, Je me demande comment organiser les conseils d'école pendant cette période de confinement. » tinyurl.com/jxrnwen4

« Les parents d'élèves ont un très fort pouvoir dans cette école où rien ne bouge, ce sont eux qui décident. » tinyurl.com/4hwrv7cp

« Est-ce que vous proposez un projet d'organisation que les collègues discutent ? Est-ce que vous les laissez entièrement décider puis vous émettez juste vos réserves sur certains points ? » tinyurl.com/2fnjjbd3

27- Consignes

Généralités	On peut classer les consignes selon leur visée	EDUSCOL	« Les consignes ne se présentent donc pas uniquement sous différentes formes, mais elles assument également différentes fonctions. » tinyurl.com/2p9ct8je
	Un outil d'observation des consignes verbales	espe	Nature de la consigne / Climat et conditions de passation / Caractéristiques de la consigne tinyurl.com/27d8nyha p14
Points de vigilance	La consigne orale vs consigne écrite	HAL open science	« La consigne orale nécessite d'être claire, courte et donnée dans le silence. La consigne écrite reste à la disposition de l'élève qui peut la relire. » tinyurl.com/zrybxw86
	Causes des erreurs dans le traitement de la consigne	WIKIVERSITÉ	« L'élève est perdu dans ce qui est attendu / C'est en dehors de ses compétences / Il est en surcharge cognitive / La tâche ne ressemble pas à ce qu'il connaît. » tinyurl.com/2p92y8k4
	Les élèves dyslexiques sont en difficulté face aux consignes	académie Strasbourg	« Des mécanismes peuvent être déficients chez eux : Déchiffrer / Retrouver les mots dans le lexique mental / L'analyser correctement, c'est-à-dire le comprendre / Stocker l'information dans la mémoire de travail pendant toute la durée de l'exécution de l'exercice. » tinyurl.com/6ma49tvb
Pratiques de classe	Quelques pistes pour "enseigner" la lecture de consignes	hep	« Les fiches récapitulatives, les exercices techniques, les "gammes" ont tout autant leur place que les moments "méta". » tinyurl.com/3dkap3zw
	Construire et utiliser un mémo d'aide	LA CLASSE	« Un enfant peut se déplacer librement pour afficher les consignes du travail en cours grâce au memo-consigne construit collectivement en début d'année. » tinyurl.com/4tmyb8d9
	Tire la chevillette et la bobinette cherra	instit90	« Partiellement inspiré de l'excellent travail réalisé par l'équipe de Woippy » tinyurl.com/2p95cez2
	Lire des consignes	académie Nancy-Metz	« Cette séquence pourra être déclinée en huit séances, à raison d'une heure quotidienne. » tinyurl.com/jc99e22k
	Voici quelques "trucs" qui fonctionnent de mieux en mieux		« Je tire au sort un prénom. Celui qui est tiré au sort doit reformuler la consigne. Puis il tire au sort un prénom qui lui-même devra reformuler cette consigne. » tinyurl.com/483andd4
	Vers l'autonomie en 4 étapes	Les Rivageois Liège / heCh CHARLEMAGNE	L'enseignant lit / Un élève lit / Les élèves lisent seuls et peuvent poser des questions / Les élèves lisent seuls sans poser de questions tinyurl.com/2p92xpb9
	Affiches	Bout de Gomme	tinyurl.com/yue9aye7
	Fiche pour temps d'autonomie		Lire la consigne et effectuer le geste demandé sur le dessin (colorie - entoure...). tinyurl.com/mr239da4

Forums

« Bonjour, J'ai un double niveau : PS/MS et je me demandais comment faire pour donner les consignes puisque les PS et les MS ne font pas le même travail. » tinyurl.com/3xcwftys

« J'ai une classe de cm2. Un de mes élève bloque sur la majorité des exercices car il n'arrive pas à comprendre les énoncés de problèmes ni les consignes. » tinyurl.com/yckfpd25

« Est ce que quelqu'un fait un travail sur la lecture de consignes ? Comment vous y prenez-vous ? Avez-vous des exercices ou un manuel de référence à me proposer ? tinyurl.com/3s2n547c

28- Correction par l'élève

Généralités

La correction mutuelle		« Son intérêt réside dans les échanges et les confrontations qu'elle permet. » tinyurl.com/24ut3pz9
Est-il possible de se corriger soi-même ?		« Aspect théorique puis angle organisationnel (se corriger seul, avec d'autres, avec l'enseignant) et enfin apprentissage de cette attitude (elle n'est pas spontanée). » tinyurl.com/56jb82rm (6)

Points de vigilance

La correction se limite-t-elle à une comparaison avec la fiche de correction ?		« Dans ma classe, l'autocorrection n'existe pas ! Cette dimension sociale d'échange avec l'enfant par rapport à un travail qu'il vient de faire seul me paraît essentielle. » tinyurl.com/37c8pp77
Les limites de l'autocorrection		"Elle n'est intéressante que pour certains types d'exercices d'entraînement et ne doit pas conduire à isoler l'enfant dans son travail. » tinyurl.com/24ut3pz9

Pratiques de classe

CCDMD		Relecture en trois étapes : Le texte / La phrase / Le mot tinyurl.com/zve4ydw6
Code couleurs		Les limites de la phrase / Les homophones / Le féminin du GN / Le pluriel du GN / L'accord du verbe / L'orthographe d'usage tinyurl.com/5twvaxzw
MOPPE		« Les élèves doivent relire leur texte cinq fois, en prêtant attention chaque fois aux majuscules, organisation, ponctuation, propreté et épellation des mots. » tinyurl.com/mudxd44f
PACHO avec vidéos d'aide		Ponctuation et phrase / Accord dans le GN / Conjugaison / Homophones / Orthographe tinyurl.com/hbcrpzr2
SPACO avec vidéos d'aide		« Si tu as besoin d'aide pour faire tes corrections à la maison, tu peux regarder le tableau dans ton cahier ou tu peux visionner la vidéo préparée par Mme Isabelle. » tinyurl.com/yn4rtv9r
Exemples de grilles		Affichages + grilles élèves tinyurl.com/5dx3j278
Exemples de fichiers autocorrectifs		Lecture C3 tinyurl.com/2s3h9kb9 / Maths, Français, Corrections CM1 tinyurl.com/2bvajhxn / Soustractions par cassage tinyurl.com/5ss28ckr
Les stratégies de recherche d'erreurs		« Lors de la correction collective, je suis toujours le même schéma. » tinyurl.com/3mpr72xb
Des Mains de relecture pour s'autocorriger		« Les enfants n'accrochaient pas avec cet outil. J'en ai donc créé un plus ludique et coloré » tinyurl.com/2p82m26x

Forums

« Je ne sais pas trop comment m'organiser pour que : - l'autocorrection soit pertinente pour mes élèves / - je ne sois pas obligée de photocopier une correction par élève / - que ceux qui finissent plus vite continuent à faire quelque chose qui leur soit utile (ex : approfondir notion la moins maîtrisée, par atelier avec exercices coopératifs) » tinyurl.com/ynk857u2

« Je fais toujours de la correction collective où j'interroge les élèves pour répondre aux questions. Hier, j'ai essayé de faire de l'autocorrection en leur distribuant la correction des exercices fait en classe mais ça m'a paru sans intérêt car ils n'ont même pas regardé leurs éventuelles erreurs. » tinyurl.com/yu994btw

29- Corrections, annotations, notations par l'enseignant

Généralités

Qu'est-ce que la docimologie ?	ResearchGate	« Nous envisagerons les travers de l'évaluation classique en suivant la docimologie critique. » tinyurl.com/ynsptpvj
La note n'est pas utile à l'apprentissage	Hypotheses	« Les effets négatifs sont largement démontrés et font consensus. » tinyurl.com/5n93hxp5
Une notation porteuse de sens existe	THE CONVERSATION	« Des échelles descriptives précisent les niveaux attendus. L'élève est noté grâce à ces repères. » tinyurl.com/4vyz54ph
Va-t-on vers un renoncement aux notes ?	le café pédagogique	« Aujourd'hui, on observe, dans les pays qui furent les plus progressistes un retour aux notes. » tinyurl.com/2p8y3r29

Points de vigilance

Les biais de la correction	UNIVERSITÉ LAVAL	Biais liés à l'élève / aux copies individuelles / au groupe / à l'enseignant tinyurl.com/y4bm37sb
Efficacité de sept types de commentaires	AQEP	« Certains commentaires sont plus aidants que d'autres, pour transmettre des informations ou pour aider l'élève à s'améliorer. » tinyurl.com/yck34665 p.37
Quand corriger ?	NEO.SNUIPP.FR	« Une première correction collective à la fin de l'exercice ? Le matin à l'accueil ? Sur un temps dédié ? Au fur et à mesure de l'exercice ? » tinyurl.com/y9s7sw6v
Toutes ces remarques sont-elles pertinentes ?	Ressources Pédagogiques	« Les enseignants stagiaires ont relevé les remarques des professeurs écrites sur les cahiers des élèves pour une période donnée. » tinyurl.com/48pne93x

Pratiques de classe

Valoriser en vert les réussites	ÉCOLE POSITIVE	« Pointer les erreurs au stylo rouge, c'est s'attarder sur les aspects négatifs. » tinyurl.com/2p87zs3v
Le guide du p'tit écrivain	lutinbazar	« Plus de looonngues explications écrites à rédiger sur chacun des jets de l'élève ; une simple référence au code indiqué dans le sommaire du guide suffit. » tinyurl.com/4fethmvk
Des tampons pour féliciter, encourager	Charivari à l'école	« Je suis fan de ces petits tampons auto-encrés qui permettent de gagner du temps en correction et qui ensoleillent les cahiers. » tinyurl.com/2p9e7c4c
Astuces pour des corrections efficaces	La Classe de Myli Breizh	« Diminuer la quantité pour l'enseignant et pour qu'elles soient bénéfiques dans les apprentissages. » tinyurl.com/2p94kdme
L'échelle des savoirs à afficher	LE MEMO-MÉMOIRES D'ÉLÈVE	« J'ai mis au point un codage je vous livre, dans l'espoir d'avoir vos avis éclairés. » tinyurl.com/ufem3y7s
La correction audio		« Le dispositif mis en place est réalisé en trois phases. » tinyurl.com/3v3e3zfz
Pour vos livrets	À CONTRE UVERT	Par trimestres tinyurl.com/32k6kjne Pour se renouveler tinyurl.com/j5kuym4k

Forums

Comment corriger les leçons qui sont copiées ? **tinyurl.com/24xkb8ry**	Les corrections collectives sont trop fréquentes, mais comment faire autrement ? **tinyurl.com/2fsn3tdc**	Le fait de corriger et de rendre le travail le lendemain peut-il faire progresser les élèves ? **tinyurl.com/4ca2rrrp**

30- Cours multiples

Généralités	Proportion des classes multi-niveaux	fcpe	« 72 % des élèves sont scolarisés dans une classe multi-niveaux en zones rurales et 29% en ville. » tinyurl.com/43bdujwx
	Avantages et inconvénients de ces classes	PARENTS	« Les enfants comprennent rapidement si tel ou tel exercice s'adresse à eux ou non, et ils gagnent plus vite que les autres en autonomie. » tinyurl.com/56fmpbum
	Quatre méthodes	espe	Enseignement cloisonné / mutuel / simultané / différencié tinyurl.com/4wkfkzx7 (p.75)
Points de vigilance	Les "pièges" à éviter		« Ne pas "se disperser" en naviguant d'un élève ou d'un groupe à un autre / Ne pas réagir à TOUTES les sollicitations des élèves à tout moment. » tinyurl.com/5df53t66
	Le couple CP-CE1 représente le contexte le plus défavorable	RFP	« Seuls les élèves qui débutent le CP avec un bon niveau ne réalisent pas des progressions inferieures à celles des élèves fréquentant un cours simple. » tinyurl.com/37t2fyjp p.59
Pratiques de classe	Rassurer les parents	sitecoles	« Ce document répondra à certaines des questions que vous vous posez. » tinyurl.com/2p99fs2v
	Le maitre mot c'est le TEMPS	Zaubette	« Le temps de préparation, le temps de la maitresse pour chaque cours et le temps de l'élève. » tinyurl.com/4ddsve3c
	Voici les 10 commandements de la "Maîtresse multi-tâches"	WebPédago	La conscience de ne pas être « wonder teacher » tu auras / Ta classe spatialement tu organiseras / L'autonomie tu favoriseras / Une cohésion de classe tu maintiendras / La coopération entre les élèves tu favoriseras / tinyurl.com/2p98bkku
	Exemple de programmations		« Permettre à l'enseignant de proposer le plus souvent possible des départs communs. » tinyurl.com/pmk6fab7
	Emploi du temps Multi niveaux CE/CM		« Je voulais avoir un petit temps avec chaque niveau et développer l'autonomie de mes élèves. » tinyurl.com/5du4ean5
	Fichier grammaire Picot CE2/CM1/CM2		« * est réservé aux CM1 et ** pour les CM2. Mais souvent mes CE2 souhaitaient faire les exos des CM, les plus rapides en tout cas. » tinyurl.com/bd6kavm9
	Mes manuels cours double CM1/CM2	Super, maîtresse !	« J'ai cherché des outils pour me laisser toute l'énergie nécessaire à travailler en ateliers. » tinyurl.com/2p94w34n
	S'organiser en classe multiniveaux	Ressources Pédagogiques	L'organisation générale / L'organisation du matin / L'organisation de l'après-midi / tinyurl.com/28vy2hj2

| **Forums** | Remplacement d'une collègue en formation qui n'a pas l'air de vouloir préparer grand-chose... tinyurl.com/54dy4h5x | Une classe unique avec 2MS, 1GS, 1CP, 3CE1, 2CM1 et 5CM2 et la charge de l'école. tinyurl.com/4z96z5az | CE2-CM1 : une classe double niveau qui est à cheval sur deux cycles ... tinyurl.com/3pyhy7cf |

31- Cycles

Généralités

Comprendre les cycles	CANOPÉ	Vous avez une minute ? tinyurl.com/2p8brkff
J'enseigne en cycles	éduscol	Au C1 tinyurl.com/3wes9aad / au C2 tinyurl.com/5c5wwc64 / au C3 tinyurl.com/64xp49pz / au C4 tinyurl.com/nhc2fny9
Qu'est-ce que le conseil des maîtres de cycle ?	sgen+	QUAND ? Au moins une fois par trimestre, temps pris sur les 24h consacrées aux travaux de l'équipe éducative. POURQUOI ? » tinyurl.com/2rc8kuwz

Points de vigilance

Ecole/Collège : toutes les actions de liaison ne se valent pas	académie Nantes	« Un outil de positionnement permet d'apprécier d'une part les étapes déjà franchies, mais aussi de se fixer des perspectives de plus ambitieuses et de plus en globales. » tinyurl.com/y6j2hkan
Reconnaître que le travail en équipe est extrêmement difficile	UNIVERSITÉ DE GENÈVE	« Lorsque les équipes n'existent que sur le papier, la structure permet de verser le vin ancien dans une outre nouvelle, en sauvegardant les apparences. » tinyurl.com/5fk22wn6
Dans une école de cycles, les désavantages sont nombreux	la Nouvelle République	« La diversité est nécessaire à l'éveil des enfants. Les plus grands respectent les petits et ces derniers profitent de l'expérience de leurs aînés. Les âges similaires développeront les incivilités et la violence dans la cour. » tinyurl.com/mrytt5mb

Pratiques de classe

Arts plastiques		« Les questionnements sont explorés chaque année, se densifiant progressivement. » tinyurl.com/5a6bhdjh
Sciences et technologie	éduscol	« Démarches et méthodes / Outils pour concevoir la progressivité des apprentissages. » tinyurl.com/4p9nzbvb
EPS		« Un parcours de formation équilibré et progressif dans les quatre champs. » tinyurl.com/49m7ku2y
Questionner le monde	académie Strasbourg	« Les trois approches permettent aussi une reprise ou un approfondissement de l'approche antérieure et une sensibilisation de l'approche supérieure. » tinyurl.com/mph4kfex
Le nouveau socle commun		Le nouveau socle commun de connaissances, de compétences et de culture en carte mentale tinyurl.com/yjju4tzp
Éducation à la sécurité routière	éduscol	« Pour chacun des cycles sont abordées la situation du piéton, celle du passager, puis celle du rouleur. » tinyurl.com/jn9k36pw
Cycle 3	La classe de Lucoin	Récapitulatif des nouveaux programmes tinyurl.com/msja4wtw
Cycle 2		« J'avais vraiment besoin d'y voir plus clair mais peut-être que cela pourra vous servir également ! » tinyurl.com/msnjfckj
Cycle 1		« Toujours avec les mêmes couleurs selon les domaines, même mes affichages de classe. Tout est lié pour que chaque enfant s'y retrouve (et moi aussi). » tinyurl.com/ymru8p5k

Forums

- Est-ce que les cahiers de cycles tiennent le coup 3 ans de suite ? tinyurl.com/w2p5nmbw
- Un répertoire pour faire chanter tous les enfants de l'école tinyurl.com/2d9k7xpe
- Comment jongler sur deux cycles ? tinyurl.com/2p93wuwu
- Les bonheurs du triple niveau sur deux cycles tinyurl.com/2p9aaj55
- Les cycles, qu'est-ce que cela a changé ? tinyurl.com/2s3vjfkj
- Un poste fractionné sur les trois cycles !!! tinyurl.com/2p9yujkd

32- Débuter

Généralités			
	Les avantages et les inconvénients du métier		« Un métier passionnant, enrichissant si, justement, il est vécu avec passion. Il apporte de grandes joies mais comporte aussi de nombreux inconvénients. » tinyurl.com/4d39bmcj
	Sur le Web		« Le site est un espace de discussion, d'échanges et d'entraide pour les enseignants du primaire. » tinyurl.com/2p9fvd8y
	Les syndicats		Soutiens aux enseignants débutants tinyurl.com/ysmtya94

Points de vigilance			
	Quatre phases traversées par l'enseignant débutant		« La période d'anticipation qui mêle enthousiasme et anxiété / Le "choc de réalité" / Une période de désenchantement / La phase de "stabilisation" où l'enseignant construit des structures permanentes et des routines. » tinyurl.com/2s4bj8b5 p. 4
	Le Guide de survie du nouvel enseignant		« Il vous livre toutes les informations utiles et de nombreux conseils d'experts pour bien débuter et éviter le burnout. » tinyurl.com/mbjt8jbu
	J'ai vu des dysfonctionnements		« L'enseignant débutant est conscient du problème mais ne sait pas comment y répondre. » tinyurl.com/kw75vv47
	Désenchantés, les Professeurs des Écoles débutants baissent vite les bras		« À leurs débuts, les PE "souffrent d'être trop livrés à eux-mêmes", mais aussi "d'avoir des prescriptions qui ne les aident pas, parce qu'ils ne voient pas comment les opérationnaliser", expliquent les chercheurs. » tinyurl.com/5fsvzca5

Pratiques de classe			
	Devenir PE : histoire(s) d'un début de carrière		« "Je ne perds jamais. Soit je gagne, soit j'apprends." Voilà, selon moi, quelle devrait être la devise de tout jeune enseignant. » tinyurl.com/2fzzk5d2
	Livret d'accueil de l'enseignant		« Si votre directeur n'a pas eu l'idée / le temps / l'envie de produire ce type de livret, vous pouvez toujours vous en inspirer pour vos questions à la pré-rentrée ! » tinyurl.com/2ws9zjjh
	Démarrer l'année		« La rentrée, c'est la partie la plus importante du travail. » tinyurl.com/4puw8jrb
	Des thèmes orientés débutants		« Cette plateforme en ligne veut offrir des ressources réalisées à partir de travaux de recherche fondés sur l'observation du travail des enseignants. » tinyurl.com/y3nedhtj
	Débuter en maternelle		« L'âge des enfants, leur spontanéité, leur difficultés à s'exprimer peuvent déstabiliser ; l'organisation et les modes de fonctionnement surprennent. » tinyurl.com/2p8wcjs7
	Échanges de pratiques		La Communauté des Profs Blogueurs tinyurl.com/43r7hzh2 Les rallye-liens tinyurl.com/4nje85c6

Forums

« Un débutant arrivant sur une école à la rentrée prochaine peut-il se voir octroyer un CM2 ou bien est-ce interdit tout comme le niveau CP ? » tinyurl.com/2p9aaj55

Quel ordinateur pour un PE débutant ? tinyurl.com/2p8x63ma @

Questions d'un débutant sur le niveau GS/CP tinyurl.com/yk2nepc3

« Il y a beaucoup de choses que je n'ai pas apprises lors de ma formation et du coup c'est vraiment dur ! » tinyurl.com/48akukh4

33- Décrochage scolaire

Généralités

Échec vs décrochage	OpenEdition Journals	« Deux termes qui se recoupent mais ne se superposent pas. » tinyurl.com/5fzx9jaf p. 22
Les pays de l'OCDE sont confrontés au décrochage	OCDE	« Près d'un élève sur cinq n'atteint pas le niveau de compétences minimales de base indispensable pour fonctionner dans la société d'aujourd'hui. » tinyurl.com/2p8uz2wj
Les facteurs pouvant mener au décrochage	le cnam Cnesco	Les facteurs individuels : genre, milieu social, milieu familial, facteurs psychosociaux, compétences scolaires tinyurl.com/hd5ny5zx p.21
Différents types de décrocheurs	académie Dijon	La typologie de Janosz / La typologie de Fortin / La nouvelle Typologie de Potvin, Fortin, Girard tinyurl.com/ycyup8pb
Le rôle des parents	naître et grandir	« Cela se fait au quotidien par différents gestes et comportements. » tinyurl.com/3xpkkuyd

Points de vigilance

Un accrochage déficient et fragile, dès l'école maternelle	ATD QUART MONDE	« Le fossé qui existe entre la vie des personnes en grande pauvreté et le monde de l'école est à l'origine de nombreux malentendus. » tinyurl.com/mucrys9 p.7
Faire reculer le désengagement scolaire	académie Nice	« La meilleure prévention contre le décrochage réside dans le repérage précoce des signes d'un désengagement pour chaque élève d'un rapport positif à l'école. » tinyurl.com/3wck33jy
Principes d'une intervention préventive réussie	CTREQ	« Reconnaître les besoins particuliers des élèves à risque, en respectant la typologie des élèves à risque décrite précédemment). » tinyurl.com/2p87zf8z p.34
Réduire au maximum l'implicite dans les pratiques	CAHIERS PEDAGOGIQUES	« Le décrochage cognitif naît d'une somme d'humiliations et de découragements qui résultent de l'incapacité pour un élève de comprendre ce que l'on attend de lui. » tinyurl.com/5n7deyck

Pratiques de classe

Premiers Signes	CTREQ	La procédure de dépistage a fait l'objet d'une informatisation : le logiciel Premiers Signes. tinyurl.com/2p87zf8z p.38
Principes des 5 S	académie Rouen	Intervenir en fonction des besoins de Sécurité, de Supervision, de Stimulation, de Soutien, de Sens tinyurl.com/wasaudf7 p.30
La faible participation de certains parents	académie Lille	« Il ne faut toutefois pas conclure qu'ils ne s'intéressent pas à l'éducation de leurs enfants. » tinyurl.com/m53yke2e P.35
Les modèles de la collaboration école-famille	Université du Québec	« Des modèles ont été retenus puisqu'ils ont comme but d'appréhender la collaboration EF et de suggérer des moyens pour la parfaire. » tinyurl.com/ycksp9h2 P.47

Forums

- Un Tfe sur le décrochage scolaire et les possibilités qu'offrent les arts pour le contrer. tinyurl.com/7vaub5y2
- « Je suis chargée de rédiger un document et de proposer des mesures à prendre pour gérer des élèves de 6èmes décrocheurs. tinyurl.com/2xvx77wm
- « Mon CDE m'a demandé si j'acceptais de devenir "référent décrochage scolaire" pour notre collège l'année prochaine. » tinyurl.com/2s3unss3
- « Je vais essayer d'être objective et de vous tenir au courant de cette "expérimentation" mise en place dans mon établissement. » tinyurl.com/msvyjrkm
- « S'agit-il de les mettre au travail ou de leur donner l'envie de venir au bahut ? » tinyurl.com/3bt4bdkx

34- Délestage

Généralités			
	Discerner travail en autonomie et activités de délestage	académie Grenoble	« Le travail en autonomie permet de gérer les différences de rythme de travail et fait partie intégrante de la séance. Lors d'activités de délestage, il n'y a pas de contrainte, c'est un travail individuel choisi par l'élève. » tinyurl.com/4zzjkv4v

Points de vigilance			
	L'élève peut bâcler son travail pour accéder aux activités	PragmaTICE	« Permettre à des élèves ayant terminé leur travail d'accéder à l'ordinateur est la pire des situations si elle n'est pas gérée pertinemment, car elle peut inciter à bâcler des travaux, et souvent les mêmes élèves se trouvent privilégiés. » tinyurl.com/2dynwawn
	Ne pas être dans l'occupationnel	académie Strasbourg	« Entrainer et réinvestir des compétences déjà travaillées en amont / Développer l'autonomie. » tinyurl.com/59xe2ay5 p.29

Pratiques de classe			
	Affichage des activités permises	mon ecole.fr	« J'ai couplé cet affichage avec mon système de permis de circulation, afin de bien montrer aux élèves que la couleur de leur permis influe les libertés et les droits qu'ils ont dans la classe. » tinyurl.com/bddcb45x
	Affichage Quand j'ai fini je peux...		« Voilà ma dernière version, sur fond blanc (moins couteux en encre) et j'ai revu les "occupations" » tinyurl.com/2p8cmfsa
	Quelques idées d'activités libres	Le jardin d'Alysse	« Indispensables avec un niveau simple (au CE1 la vitesse de travail va du simple au quadruple), encore plus avec un niveau double. » tinyurl.com/ujjay7h4
	Géométrie CP	GRIP instruire.fr	« Une préparation aux tracés et mesures qui seront prépondérants dans les cours supérieurs. » tinyurl.com/23j254pk
	Quelques livrets de jeux	La Classe des Gnomes	« Ces livrets contiennent des jeux de lettres (mots croisés, mots fléchés), des labyrinthes, des jeux des erreurs, des reproductions sur quadrillages, etc. » tinyurl.com/5n6bxcpk
	Puzzles avec autocorrection	chabadou	« Les élèves posent sur les opérations la pièce correspondante à la solution. » tinyurl.com/yvc6v6ay
	Problèmes Ce2 Cm1 Cm2	La classe de Stefany	« J'ajoute une fiche de méthode sur la présentation des problèmes. » tinyurl.com/479h23xb
	Un fichier d'anti coloriage	Bout de Gomme	« Au lieu de simplement colorier, les élèves imaginent, dessinent et enfin colorient. Ensuite, une fois le dessin et le coloriage terminés, ils écrivent la phrase illustrant leur dessin : travail de production d'écrits. » tinyurl.com/ycdmd6ey
	Les rallyes-copies	Bout de Gomme	« Deux versions : la version cursive et la version script sur la même fiche. » tinyurl.com/y2av7pv2

Forums			
	« Vous proposez quoi à faire aux "bons élèves" qui finissent plus vite, et qui ne pénalisera pas les autres qui ne feront pas (maths ou français). Merci ! » tinyurl.com/bdeejnka	« J'ai tendance à prendre beaucoup de temps dans les activités pour favoriser l'apprentissage des élèves les plus en difficultés ! Mais du coup les élèves qui marchent très bien "attendent". tinyurl.com/44mxnbyc	Activités de "délestage" en GS (quand on n'a aucun "coin") tinyurl.com/35pvekzr

35- Déplacements des élèves

Généralités

Infographie : gestion des circulations	académie Rouen	Définir un sens de circulation / Limiter les croisements en définissant des zones d'attentes adaptées au respect de la distanciation physique / Portes maintenues en position ouverte pour éviter les points de contact tinyurl.com/2p85mu2e
Qu'en est-il aux cycles 2 et 3 ?	HAL open science	« En cycle 1 nous avons donc pu observer qu'ils disposent d'un grand degré de liberté quant à leur mobilité. » tinyurl.com/bdryfjvu p.20
Des moments plus importants qu'on ne le pense.	AAPIE	« Leur importance, les inconvénients qui surgissent quand on les néglige et quelques indications pour les valoriser. » tinyurl.com/5y7ndmv5
Clarifier les objectifs des déplacements	être PROF	« Sécuriser ? Ne pas gêner ? Contenir l'excitation ? Pour donner une bonne image de notre "maîtrise de la classe" ? » tinyurl.com/3rhj7trr

Points de vigilance

Pandémie : limitation du brassage des élèves	ministère éducation nationale	« Dès le niveau "vert", la journée et les activités scolaires sont organisées de manière à limiter, dans la mesure du possible, les regroupements et les croisements importants entre groupes (en particulier au moment de l'arrivée et du départ des élèves). » tinyurl.com/4svbvfd5
Les pauses-pipi sont-elles des pauses-boisson ?	Petit abécédaire de l'école	« Il est apparu utile d'instaurer dans la classe un coin-boisson qui évite la perte de temps inhérente aux sorties de la classe. » tinyurl.com/yc4m654x

Pratiques de classe

Le flexible seating	mais que fait la maîtresse ?	« Un environnement de travail où les élèves pourront s'asseoir de différentes façons et où la disposition des sièges peut être modifiée selon les besoins. » tinyurl.com/5n84wmwk
La classe flexible	WebPédago	« Ils bougent…. Ceci dit, quand c'est le moment d'être assis, pas de négociation possible ! » tinyurl.com/4c8sus6x
Le permis de circulation	mon ecole	« Ces permis sont valables sur la durée de la semaine et chaque lundi matin on fait le point sur les permis obtenus pour la nouvelle semaine qui débute. » tinyurl.com/dj4axufa
Le marcheur mystère	Audymaitresse	« Pour réguler les déplacements dans les couloirs (enfin essayer !) » tinyurl.com/2p8ud3aa
Les règles du couloir	Letot - La Poterie	« Voici l'affiche réalisée lors du conseil d'école afin de mieux respecter les règles de déplacements dans le couloir. » tinyurl.com/4n7u6yzy

Forums

Les pauses pipi : comment éviter les abus ? tinyurl.com/yc3ac4d4

« Impossible de les tenir à la main, ils se roulent par terre en criant et refusent d'avancer. » tinyurl.com/yzfe84z3

« La mère me dit que le cadre n'est pas assez clair : à la maison il a interdiction de se lever de table, et en classe, se lever est autorisé. » tinyurl.com/mth7rpry

« Jusqu'à vendredi, ça marchait super bien, mais depuis hier, et surtout aujourd'hui, ça ne ressemble plus à un train, c'est un troupeau ! » tinyurl.com/2h5aduxk

« Lorsqu'il y en a un qui demande, tous les autres demandent pour le faire aussi, et ça devient ingérable. » tinyurl.com/ycyzm9xc

36- Devoirs et leçons

Généralités

Est-ce légal ?	L'ASL	« Le travail à la maison reste possible, dans la mesure où il est oral ou consiste à apprendre une leçon. » tinyurl.com/2ebrj6sy
4 types de devoirs	hep	Les devoirs de préparation / de pratique / de prolongement / Les devoirs créatifs tinyurl.com/39e35trc p.22
Pour quels effets ?		Effets positifs / Effets négatifs tinyurl.com/39e35trc p.24
Les formes d'engagement parental	ifé	« Les absents, les effacés, les appliqués, les mobilisés ou les attentifs » tinyurl.com/2p9zucx3 p.10

Points de vigilance

Durée possible par niveau scolaire		Recommandations inspirées des travaux de M. Karsenti tinyurl.com/3z978apa
Conditions pour obtenir des effets bénéfiques	Université TÉLUQ	Des règles claires et explicites / Privilégier la fréquence à la longueur / Offrir des choix tinyurl.com/yckk9mh9 (7.1)
Relations parents – enseignants	académie Amiens	Comment expliquer les attendus liés au travail hors la classe ? tinyurl.com/2p8kx3p7 Fiche 15

Pratiques de classe

Les devoirs vus par Florence Foresti		« L'accouchement, c'est rien à côté de ce qui t'attend tous les jours : les devoirs ! » tinyurl.com/5n8wssas
Ce que l'enseignant attend	académie Toulouse	« Retrouver ce qui lui est demandé dans son agenda et des aides pour réaliser ce travail. » tinyurl.com/3nmuxdef p.4
Les Octofuns	académie Reims	« Le but étant que chacun trouve des manières efficaces pour apprendre quand il fait ses devoirs. » tinyurl.com/2hb498x4
Une infographie pour les parents	ministère éducation nationale	10 astuces pour aider mon enfant faire ses devoirs tinyurl.com/ckc7xp36
Un lien privilégié école / familles		« Le cahier des apprentissages peut tisser un nouveau lien entre les temps scolaires et extra-scolaires. tinyurl.com/2ah35umc
Le cahier de devoirs	DES YEUX DANS LE DOS	« Il sert à stocker le matériel nécessaire. » tinyurl.com/yckjp34r
Classe inversée, devoirs facilités	LA CROIX	Un exemple de mise en œuvre tinyurl.com/5n7zwxt9 Des exemples de capsules vidéos tinyurl.com/3jwfnmjd
Les leçons copiées le matin	MAÎTRE LUCAS	« Pendant que les élèves copient leurs devoirs, je fais les appels de présence et de cantine. » tinyurl.com/37pnp53k
Un livret des devoirs		CP sur 4 périodes tinyurl.com/yc7u23j5

Forums

« Le papa refuse de faire les devoirs et m'a déjà dit et écrit que son fils "n'ouvrait plus son cartable pour faire ses devoirs le soir". » tinyurl.com/48ep923u

« Avec mes CP j'écris les devoirs comme ça sur feuille que je découpe et qu'ils collent. Vous avez une trame une fiche que vous utilisez et remplissez ? tinyurl.com/ayj995cx

« Je vois beaucoup d'inconvénients à ce moment de copie : chronophage, rarement bien lisible car les cahiers de textes ont des lignes très moches. » tinyurl.com/5n94bmnf

Devoirs : quelle quantité pour quel niveau ? tinyurl.com/2p8d66hd

37- Discipline et sanctions

Généralités

Sanction vs punition	Les facteurs humains	« La sanction place l'enfant devant sa propre auto-responsabilisation. La punition place l'enfant dans l'impuissance et la soumission. » tinyurl.com/mhrxfd9a
La sanction pose des limites donc rassure	PSYCHOLOGIES	« C'est l'absence d'interdits et de sanction en cas de transgression qui représente une grave violence à l'égard des enfants et des adolescents. tinyurl.com/yc5ukmub
La sanction est nécessaire	La Montagne	« Pour l'éducation de celui qui ne respecte pas la loi / L'éducation du collectif / La sécurité des individus / La crédibilité du dispositif réglementé, légiféré » tinyurl.com/537hs4dh
Nous ne savons pas sanctionner	académie Lyon	« La sanction est honteuse, elle est un impensé de la réflexion et ne dépasse généralement pas le niveau de la réflexion de bon sens. » tinyurl.com/4n6u93f5

Points de vigilance

Les "4 R" de la punition	Apprendre à éduquer	Les résultats négatifs possibles à long terme : la rancœur / la revanche / la rébellion / le retrait tinyurl.com/2p85hx96
Les conditions de la sanction	académie Lyon	5 principes : individualisation / objectivation / signification / privation / intégration tinyurl.com/4n6u93f5 p.72
Les sanctions non autorisées	académie Nancy-Metz	« Un élève ne peut être privé de la totalité de la récréation à titre de punition. » tinyurl.com/5n83xp4d
Parents et problématique de la sanction	académie Strasbourg	« Il s'agira toujours de montrer l'intérêt convergent de l'école et des parents dans la recherche d'un système de sanctions cohérent et réfléchi. » tinyurl.com/4dpfeca6
C'est le rôle des adultes de l'école	École INDé	En aucun cas, les parents ne doivent intervenir directement auprès d'autres enfants. tinyurl.com/3b2u2d8h p.4

Pratiques de classe

Que donnez-vous en punition ?		« Je recherche des punitions "utiles", je ne sais pas toujours quoi leur donner. » tinyurl.com/mr38wd2h
Votre enfant est puni	École de Profondsart	Exemple de document informatif à destination des parents tinyurl.com/3666scyb
La réparation éducative	OCCE Coopérons dès l'École	« Accorder à la victime soulagement et permettre au persécuteur rachat, pardon. La nature de la réparation n'appartient qu'aux protagonistes. » tinyurl.com/2s37wkrc
Les billets	laclassebleue	« Chacun des billets que je vous propose existe en version avec ou sans punition. » tinyurl.com/2p82w75y
Quel mépris de l'effort !	Ressources Pédagogiques	Beaucoup jettent la punition sous les yeux de l'enfant. Il faut au contraire la conserver tout en proposant à l'élève de la faire disparaître en fin de période tinyurl.com/4bc47jjz

Forums

« Je ne trouve pas un texte officiel sur les sanctions / punitions interdites en primaire. J'ai bien trouvé celui pour les collèges et lycées mais pas pour nous. » tinyurl.com/2p8wprz7	« Les sanctions données par ma collègue ont été des écrits, un isolement (placement de l'école loin des autres en classe) rencontre des parents, discussions. » tinyurl.com/4ssxtr5b	« Dans votre règlement intérieur d'école, faites-vous apparaitre les différentes sanctions qui peuvent être appliquées aux élèves ? » tinyurl.com/6ysy9e59	« Ma binôme fonctionne en ceinture de comportement et elle donne des bons points. Je n'aime pas du tout les bons points, ça me prend un temps fou, je ne sais pas les donner ou les enlever. » tinyurl.com/345n6bm6

38- Discussions à visée philosophique

Généralités

Les postulats fondateurs	ÉDUSCOL	« Les enfants, dès la maternelle, sont capables de penser les grandes questions humaines / cette élaboration est utile à chacun d'eux. » tinyurl.com/ys2mujjy
Trois démarches incontournables	ÉDUSCOL	Explorer des idées / Confronter ses idées / Structurer ses idées tinyurl.com/3mr9jmwt
La règle implicite qui régit les échanges	ÉDUSCOL	« L'exigence visée est l'accès à la pensée en ce qu'elle ouvre vers l'universel, ce qui vaut pour tout autre que moi » tinyurl.com/2p8jnh8c
Les différentes écoles	académie La Réunion	Lipman / Lalanne / Lévine / Delsol tinyurl.com/2p854ypa

Points de vigilance

Le rôle de l'enseignant	POMME D'API	« Plusieurs conceptions existent de la non-intervention à l'interventionnisme. » tinyurl.com/3nwnfm73
La sécurité de l'enfant		« Il a le droit de ne pas parler, de se tromper, de ne pas être interrompu. » tinyurl.com/ye5r6hrh
Des dérives possibles		« Le retrait du maître qui refuse d'être la référence au savoir. » tinyurl.com/ycku4882

Pratiques de classe

Rallye-liens : les ateliers philo		« Je vous propose un rallye-liens sur la pratique des ateliers philo à l'école afin de mutualiser toutes les expériences, les infos, les questionnements...» tinyurl.com/3m85nd3v
À quoi ça sert la philo ?		« Il est d'autant plus intéressant de faire réfléchir après coup les enfants sur ce qu'est la philosophie à partir de ce qu'ils ont fait pendant l'année. » tinyurl.com/ysp6ux2k p.5
L'évaluation : comment l'élève progresse-t-il dans l'échange ?	académie Grenoble	« Une grille de lecture des échanges de nos élèves construite par MF Daniel, chercheuse canadienne : anecdotique / monologique / dialogique non critique / dialogique quasi-critique / dialogique critique. » tinyurl.com/ywx8yyu4
6 ateliers philo, il n'y a qu'à se laisser guider !	BAYARD	Les émotions / L'amitié / La liberté et les interdits / La différence / Violence et méchanceté / Fraternité tinyurl.com/4uz4ma43
Les fiches Pomme d'Api	Charivari à l'école	« Parfois il n'y a que la fiche péda, mais elle est toujours très riche, très « guidante » et avec une belle bibliographie à la fin. » tinyurl.com/h2fcvhcb
Un exemple de déroulement	CARTABLE LIBERTY	« Nous nous installons assis en cercle / Un élève rappelle les règles de prise de parole. » tinyurl.com/3bux4ypf
Exemples de synthèses de chacun des ateliers		« Sur cette page vous seront proposés les synthèses par la classe de chacun des ateliers. » tinyurl.com/2p8hjtfh
Quelques documents	Maîtresseok	Grille d'observation / Questionnaire pour l'élève tinyurl.com/bdh8s2v9

Forums

« Je vois beaucoup d'enseignants travailler en classe entière, mais ça me semble vraiment trop... » **tinyurl.com/mufd9vbz**	« J'aimerais avoir des conseils venant de personnes ayant expérimenté ces ateliers en maternelle. » **tinyurl.com/4tsc3x42**	« Connaissez-vous les dilemmes qui permettent aux élèves de débattre à partir d'un sujet proche de leur vécu ? » **tinyurl.com/32kmx9m2**	« Je cherche une idée pour un premier débat "philo" en C3. Dans cette classe, les retours de récré sont problématiques voire violents !!! » **tinyurl.com/4nb2m3c6**

39- Élèves à haut potentiel

Généralités

Scolarisation des élèves intellectuellement précoces	« L'école doit répondre aux besoins particuliers des enfants intellectuellement précoces et à l'attente de leurs familles. » tinyurl.com/yckjebh4
Qu'est-ce qu'un élève E.I.P ?	« Les EIP représentent de 2 à 5 % des élèves quels que soient le milieu social et l'environnement familial. » tinyurl.com/mpkr9drf
Difficultés scolaires et haut potentiel	« Ces jeunes à haut potentiel nécessitent un enseignement explicite des méthodologies de travail. » tinyurl.com/49fdbd45
Une typologie des élèves doués	Réussit bien / hardi et divergent / effacé / décrocheur / à double étiquette / autonome tinyurl.com/yb7n6w9c

Points de vigilance

Pourquoi s'en préoccuper ?	« Un accompagnement pédagogique adapté, l'aider à surmonter ses difficultés en méthodologie et stimuler ses capacités diminuent le risque d'échec scolaire. » tinyurl.com/yckjebh4
Enrichir, approfondir	« Veiller à ne pas le pénaliser en lui donnant du travail supplémentaire répétitif, inutile et qu'il supporte très mal. » tinyurl.com/3mhu4up6 p. 4
Le saut de classe en question	« L'accélération peut être une solution intéressante et adaptée pour certains jeunes. Malgré tout, certaines précautions peuvent être prises. » tinyurl.com/fye88we3

Pratiques de classe

Évaluer les caractéristiques de comportement des élèves à haut potentiel	« Le corps enseignant opère une présélection des élèves au moyen d'un questionnaire d'évaluation portant sur les caractéristiques d'apprentissage, de créativité, de motivation, de leadership et de planification. » tinyurl.com/c4fctmws
Les leviers pour accompagner la scolarité des EHP	Le tutorat / Décloisonner / Accélérer le cursus / L'espace dédié / Enrichir la scolarité tinyurl.com/yc8azh8c Vidéo 51:16
Fiches « motiv'élève » : ce ne sont pas des étiquettes !!!	« Un groupe de professionnels de l'éducation a formalisé cet outil sur base de l'approche des neurosciences cognitives et comportementales. » tinyurl.com/5bzr8svw
Des pages dédiées aux enseignants	tinyurl.com/3vubkbnw tinyurl.com/3yyjnxty tinyurl.com/2b5n7xmh tinyurl.com/2p9xz4jp tinyurl.com/pbpyd7ak

Forums

« J'ai rencontré la famille à plusieurs reprises, ils soutiennent mordicus et à qui veut l'entendre qu'elle est précoce. » tinyurl.com/4y3vudf4	« Il finit tout bien avant les autres, c'est propre juste et soigné. J'aimerais le surprendre, lui trouver des défis qui l'occupent. » tinyurl.com/j9usva97	« Mon fils, après une scolarité très difficile psychologiquement à l'école primaire, vient d'être diagnostiqué à haut potentiel. » tinyurl.com/2uc4jewe	« Un élève qui lit tout le temps en classe (c'est un enfant à haut potentiel dont les parents ne souhaitent pas de saut de classe pour lui, nous respectons ce choix). » tinyurl.com/276xbrzj

40- Élèves allophones

Généralités	Qu'est-ce qu'un élève allophone ?	académie Poitiers	« C'est un élève qui ne maitrise pas la langue du pays d'accueil. Il est considéré "allophone" durant sa première année de scolarisation en France. tinyurl.com/mukp7aj8
	Rôles des Casnav	ministère éducation nationale	« Organisation de la scolarité, ressources pédagogiques, formation des enseignants. » tinyurl.com/3y9mu65r
	L'accueil dans le premier degré	ÉDUSCOL	« L'élève doit être inscrit obligatoirement dans la classe ordinaire correspondant au plus près de sa classe d'âge, en fonction de ses acquis antérieurs. » tinyurl.com/ytukp9w4
	Télécharger les livrets d'accueil bilingues		« Ce livret et sa version audio peuvent être mis à la disposition des parents et des élèves. » tinyurl.com/4fejpdcc
Points de vigilance	Laisser de côté les préjugés	académie Poitiers	« Il ne cherche pas à faire des efforts. / Je ne peux pas l'aider car je ne connais pas sa langue. » tinyurl.com/mukp7aj8
	Dix idées reçues sur l'apprentissage de la langue française	ÉDUSCOL	« Idée reçue n°1 : il n'est pas possible d'évaluer les compétences scolaires et langagières d'un élève nouvellement arrivé ignorant encore tout du français.» tinyurl.com/4ftf4h7e
	Deux infographies	CAHIERS PÉDAGOGIQUES	« Pour avoir en tête quelques principes issus de la clinique transculturelle. » tinyurl.com/mrxzfd2j
Pratiques de classe	KIT pour accueillir un élève allophone	académie Dijon	Que faire faire à l'élève dans les premiers temps ? tinyurl.com/mr24m8j4
	Cinq organisations possibles à décliner dans la journée	académie Grenoble	Travail avec tout le groupe classe / Travail seul avec l'enseignant / Travail en tutorat avec un pair / Travail en autonomie / Décloisonnement dans d'autres classes. tinyurl.com/mt8ampda
	Outils pour une évaluation du niveau scolaire	CANOPÉ	Mathématiques / Langue de scolarisation antérieure (compréhension écrite) / Langue vivante étrangère / Compétences en français. tinyurl.com/854k2nb8
	Verbes pour donner des consignes	académie Grenoble	25 fiches d'exercices autour de verbes d'action utilisés pour l'exécution de consignes. tinyurl.com/2nahux9j
	Âne de Nasrudin Hodja	Langues & Grammaires du Monde	Écoutez et lisez l'histoire en 50 langues ! tinyurl.com/2v9z9n33
	Le projet sac d'histoires	OZP le Quotidien des ZEP	« Un sac circule dans les familles : un livre bilingue en français et traduit dans la langue familiale / un CD du livre lu dans toutes les langues de l'école. » tinyurl.com/mttsbjzs

Forums

Cinq PE témoignent « Vous ne savez pas comment l'accueillir ni comment le faire travailler puisqu'il ne comprend pas les consignes, pas plus qu'il ne sait lire. » tinyurl.com/4zk48rfy

« Je ne suis pas encore enseignante et je dois avouer que je suis assez inculte côté pédagogie, mais je suis monitrice dans un centre d'aide en français écrit. Super ! » tinyurl.com/2xetjbch

« J'ai rencontré les deux enfants ce matin, ils sont russes et ne parlent pas du tout le français, le papa un petit peu mais j'ai quand même eu beaucoup de difficulté à le comprendre ! » tinyurl.com/mruty7nk

41- Élèves en situation de handicap

Généralités

L'ESH est un élève comme les autres	ministère Éducation nationale	« Avec les aménagements et adaptations nécessaires, il doit avoir accès aux mêmes savoirs et être soumis aux mêmes exigences. » tinyurl.com/3zkm4948
Les ESH à la rentrée 2022		« Plus de 430 000 élèves en situation de handicap accueillis dans les établissements scolaires à la rentrée 2022. Ce nombre a été triplé en moins de 15 ans. » tinyurl.com/3h4ujt24
Comment scolariser des ESH		Constitution du dossier / Élaboration du projet personnalisé de scolarisation / Suivi et accompagnement tinyurl.com/3zkm4948
Guide pour la scolarisation des ESH		« Une approche simple et pratique des principaux domaines et situations rencontrés au quotidien. » tinyurl.com/mr256n5k
Quelles sont les missions des AESH ?	académie Lyon	Apprentissages / Actes de la vie quotidienne / Vie sociale et relationnelle tinyurl.com/3sr82cbh vidéo 10mn

Points de vigilance

Des objectifs de socialisation plutôt que d'apprentissages	cnesco	« La scolarisation des ESH est appréciée par les enseignants pour des raisons davantage liées à la socialisation qu'à l'acquisition de compétences scolaires. » tinyurl.com/2s3fb3ua P33
L'épuisement des enseignants et leur sentiment de désarroi pédagogique	Le Point	« Ils peuvent éprouver de la honte et de la culpabilité à ne pas être à la hauteur de l'idéal inclusif, à ne pas savoir comment faire avec ces élèves qu'ils pensent comme trop différents. » tinyurl.com/mrh6p4ms

Pratiques de classe

6 mallettes	Wikiversité	« Trucs et astuces, expériences et lectures concernant différents domaines. » tinyurl.com/bde3rbyy
Le numérique pour mieux répondre aux besoins spécifiques des élèves	ministère Éducation nationale	« Canopé, Cned, Onisep se sont également engagés dans une démarche visant à mieux prendre en compte l'exigence d'accessibilité dans la production de leurs documents et de leurs applications numériques. » tinyurl.com/3zkm4948
Diagnostic précis des difficultés et causes. Solutions.	Kyban	« Pour cet article, j'ai décidé de ne pas évoquer un élève en particulier mais plutôt d'essayer de dresser des profils. » tinyurl.com/24k6u25c
Entrer en campagne… de sensibilisation	hop'toys	« Un vrai projet de classe développant l'empathie, l'engagement. » tinyurl.com/37uwtj6z
Organiser une journée "Différence et Handicaps"	Handi Sport	« Favoriser l'évocation de représentations des élèves et de lancer des échanges. L'idée est d'identifier les déficiences et les désavantages qu'elles induisent. » tinyurl.com/mt5n3xs8

Forums

« Quels sont selon vous les avantages et inconvénients des dispositifs prévus par les lois sur le handicap, l'inclusion scolaire, etc. ? » **tinyurl.com/ymha36yn**	« Je cherche des collègues accueillant ou ayant accueilli à plein temps en milieu ordinaire des élèves ayant un handicap moteur très important (fauteuil, corset, aucune autonomie pour les gestes du quotidien...) » **tinyurl.com/yur3uydd**	« On me suggère fortement de faire intervenir l'EMAS … Bref pas envie de perdre mon temps, mon énergie psychique et le peu de motivation que j'ai encore à aller travailler. » **tinyurl.com/32eymnd7**	« Je souhaite trouver du réconfort et des solutions dans notre gestion quotidienne des élèves. » **tinyurl.com/yckukrfs**

42- Élèves lents

Généralités

Les enfants lents : un nouveau trouble ?	Slate	« Selon certaines estimations, il serait présent chez peut-être deux millions d'enfants aux États-Unis. » tinyurl.com/2fptcvww
Il n'est d'éducation que lente	PRISME	« Nul ne peut brutaliser ce processus sans s'exposer à la crispation, à la fermeture, au rejet, voire à la violence. » tinyurl.com/2p8mr7xp
Un divorce entre les moyens de l'élève et les exigences de son milieu	INSTITUTRICE	« En fait, beaucoup d'enfants s'adaptent à ce stress quand ils sont à l'école primaire. Mais ils fonctionnent de ce fait nettement au-dessous de leurs capacités. » tinyurl.com/32wsacbv
Dyspraxie : il faut vraiment faire des adaptations	Tous à l'école	« Le problème, c'est qu'il faut faire le tri entre ce qui relève, d'une part, de la simple difficulté et d'autre part, du trouble. » tinyurl.com/yvbbyxk3

Points de vigilance

Rapidité de la pensée, lenteur de l'écrit : un enfant à haut potentiel ?	L'envol du crayon	« L'enfant précoce peut se retrouver en difficulté lors du passage à l'écriture. Celle-ci est souvent irrégulière, trop lente et parfois illisible car trop impulsive. » tinyurl.com/y3hk5687
Quelle est donc la bonne mesure ?	Université de Genève	« En faisant violence aux " apprenants ", on les empêche de construire des savoirs ; en les laissant tranquilles, on les en empêche aussi. » tinyurl.com/3vavrfkk
Rejeter ? S'attendrir ?	INSTITUTRICE	« S'il semble rejeter les élèves à apprentissage lent, ou peut-être, ce qui est pire, s'attendrir sur eux, l'enfant risque de se conformer à cette image de lui. » tinyurl.com/32wsacbv

Pratiques de classe

Organiser le temps de la séance	Wikiversité	« On ne peut pas avoir la même exigence de respect du temps pour tous les élèves. Si la contrainte temps est figée, alors il faut adapter la tâche de l'élève. » tinyurl.com/32dkjad5
Les effets des "Dépêche-toi !" répétés	Papa Positive	« Nous pouvons remplacer les expressions anxiogènes par… » tinyurl.com/dmnfydy5
Travailler sur la qualité et non sur la quantité	académie Grenoble	« Privilégier 2 à 3 exercices bien choisis et éliminer les autres si besoin. » tinyurl.com/d837ppfn
Le Time Timer	Apprendre à éduquer	« Il est très visuel : le temps prévu pour l'activité est représenté en rouge et diminue au fur et à mesure. » tinyurl.com/222wdfx9
J'évalue ma vitesse de travail		« Je trouvais important que l'élève puisse s'améliorer en s'approchant du bon rythme de travail. » tinyurl.com/hsd9jryd
Copier les mots quand ils apparaissent	classe de Fanfan	Un petit exercice d'entraînement suivant si l'on dispose d'un TBI ou d'un vidéoprojecteur. tinyurl.com/ddw2ajyy

Forums

« Tout est tapé, collé, ou à compléter. Les parents sont contents de cette aide car ainsi nous pouvons voir leurs vrais résultats mais je me demande si je fais bien. » tinyurl.com/v2dhf8ry	« 3 comme ça dans mon CE2, 2 dans mon CE1. Je m'arrache les cheveux ! J'ai essayé les exercices spéciaux "lents" (photocopies à trous, pas de consigne à recopier), mais plus je leur "mâche" le travail, plus ils traînent. » tinyurl.com/ern8a8s8	« Comment se passent les journées en classe avec vos élèves dyspraxiques ? Au niveau de l'organisation matérielle dans la classe, y a-t-il des particularités ? Au niveau pédagogique, que faites-vous de particulier ? » tinyurl.com/yvbbyxk3

43- Emploi du temps

Généralités

Horaires réglementaires	Volume d'heures / Répartition des heures / Heures d'entrée et de sortie / APC tinyurl.com/5n8jrjcv
Organiser son EdT : 6 recommandations	Alterner les types d'activités, les séances longues et courtes / Fournir des repères temporels aux élèves. tinyurl.com/yu97j2ye
Le type d'apprentissage mis en œuvre est aussi à prendre en compte	Première partie de la journée : renforcement. Partie centrale : apprentissages nouveaux, quelle que soit la matière enseignée. Début d'après-midi : réinvestissement des connaissances acquises. Deuxième partie : nouveaux apprentissages. tinyurl.com/yu97j2ye
Un emploi du temps est-il fixé pour l'année ?	« Si des régularités sont souhaitables, l'enseignant peut envisager des variables selon les jours, les périodes. Un emploi du temps est formalisé par période. » tinyurl.com/5n7tuyjd

Points de vigilance

Les périodes de vigilance	Sur la journée / sur la semaine tinyurl.com/237e2w2k
Évaluer son EdT	« 100 emplois du temps ont été recueillis dans 15 académies puis analysés par des inspecteurs qui ont formulé un certain nombre de critiques et de conseils. » tinyurl.com/2fm9kk74
Dynamiser son enseignement en trois points	Savoir repérer les signes de décrochage / Mettre en place des activités pour créer des ruptures et évacuer les tensions / Savoir alterner les modes de sollicitation, les modalités de travail, moduler la durée des séances tinyurl.com/yu97j2ye p.7

Pratiques de classe

Outils pour construire son EdT C2 / C3	Mode d'emploi / Chronobiologistes / Grille hebdo / Grille hebdo cours double tinyurl.com/4te73wte
Exemples d'EdT	EDT triple niveaux maternelle tinyurl.com/2nsapn6r EDT de septembre à décembre CP tinyurl.com/3dj75cuz EDT Cp – Ce1 tinyurl.com/3es5343k EDT type Ce1 tinyurl.com/57znfhs5 EDT Ce1 - Ce2 tinyurl.com/2p85xxx2 EDT Ce2 – Cm1 - Cm2 tinyurl.com/579efn8y
L'EdT autrement	« On ne mettra pas en avant des horaires définis qui ne sont de toute manière jamais respectés parce que dans la pratique très variables d'une séance à l'autre. » tinyurl.com/32akpbav
Affiches	Pour un EdT géant ! tinyurl.com/4m7bb26y

Forums

« Je serai T1 à la rentrée en MS/GS. Je n'arrive pas à construire mon emploi du temps. Le fait qu'il n'y ait pas de volume horaire me bloque... Doit-on faire tous les domaines tous les jours ? Je suis coincée.... tinyurl.com/mutwjeuy

« Doit-on distribuer l'emploi du temps de la classe à chaque élève ? (Instinctivement je dirai oui, mais j'ai entendu autre chose alors je doute...) » tinyurl.com/3arrpdya

« J'ai discuté avec une amie il y a quelques jours et je suis impressionnée par sa capacité à tenir son emploi du temps de la journée. Elle arrive toujours à finir sa journée et tout ! Moi non ! je suis toujours en retard, je ne finis jamais et je prends un retard fou ! » tinyurl.com/3rjt7vuy

44- Enfants de Familles Itinérantes et de Voyageurs

Généralités

Les EFIV sont issus de familles itinérantes et de familles sédentarisées depuis peu	ministère éducation nationale	« Les déplacements ne favorisent pas la continuité scolaire et les apprentissages. Or ils ne doivent faire obstacle, ni aux projets de scolarité des élèves et de leurs parents, ni à la poursuite des objectifs d'apprentissage définis par le socle commun de connaissances et de compétences. » tinyurl.com/4nk6uwbk
Des réalités sociales et économiques très diverses	CASNAV Académie de Créteil	« On estime qu'il y a en France environ 500.000 personnes qui peuvent être rattachées au groupe des "gens du voyage". » tinyurl.com/3vk6wapp
Rapport de recherche EVASCOL	HAL open science	« 76 préconisations concernent l'exercice du droit à l'éducation chez les enfants migrants ou itinérants. » tinyurl.com/3a9bh44c

Points de vigilance

Les roms migrants sont plus perçus que connus	COLLECTIF NATIONAL DROITS DE L'HOMME ROMEUROPE	« Ces perceptions posent problème lorsqu'elles s'apparentent à des stéréotypes et préjugés négatifs et discriminatoires. » tinyurl.com/2p8mznvh p. 8
Vécus difficiles de la scolarité des familles	HAL open science	« Elles peuvent transmettre une méfiance vis-à-vis des institutions scolaires à leurs enfants. » tinyurl.com/3a9bh44c p. 345
Les parents ne sont pas en mesure d'assumer leur rôle primordial de premiers éducateurs.	COUNCIL OF EUROPE CONSEIL DE L'EUROPE	« Souvent livrés à eux-mêmes, les enfants accumulent à la fois problèmes de compréhension, de concentration et de motivation, et sont amenés peu à peu à rejeter ou à abandonner l'école. » tinyurl.com/57fey3uc p.17

Pratiques de classe

Racisme et Gens du voyage	RPI	« Notre école accueille régulièrement des enfants du voyage. Suite à un problème de racisme et de rejet, la classe a travaillé sur ce thème. » tinyurl.com/yz8fw4d2
Une tablette numérique : la boîte à outils pour des EFIV plus impliqués	Innovathèque	« Une tablette tactile équipée d'applications et de supports choisis en fonction des besoins de chacun a permis à chaque élève de disposer en permanence de ressources pédagogiques adaptées à son niveau scolaire. » tinyurl.com/3hrz4r7b
La mallette EFIV	pearltrees cultivez vos intérêts	« Elle a pour objectif de proposer, à l'ensemble des enseignants accueillant des EFIV, des outils leur permettant de faire face aux premiers impératifs et questionnements liés à l'arrivée, souvent impromptue, de ces élèves. » tinyurl.com/kjurxazs
Créer pour chaque enfant un espace numérique de travail	C.A.S.N.A.V-85	« Ainsi, au fur et à mesure des déplacements de la famille, l'enfant pourra retrouver dans l'école où il vient d'être inscrit, son espace personnel dans lequel son enseignant et lui trouveront les outils pour qu'il continue à progresser. » tinyurl.com/yc3cjwrw

Forums

« Vous me direz dans toutes les classes y'a plusieurs niveaux mais là l'écart entre les moins avancés et les plus avancés est énorme {...} Je suis un peu dans la déprime et la panique. » tinyurl.com/3425ehd9

« Je recherche des correspondants pour ma classe de maternelle multi-niveaux (TPS à GS). Nous sommes une école située sur une aire de gens du voyage et avons donc un public exclusivement manouche. » tinyurl.com/3smv8esm

« Nous avons des élèves qui repartiront chaque fin d'année scolaire sur les routes avec leurs parents et ils reviendront dans l'école à chaque rentrée de septembre. Sachant que les parents sont fiables et transmettront ce que je leur demanderai de transmettre. Quelles sont vos idées, vos pratiques pour assurer un lien avec les futures écoles ? » tinyurl.com/yc295ded

45- Ennui à l'école

Généralités

L'ennui est ambivalent	HAL open science	« Il peut être négatif : il se crée un sentiment de mal-être. S'il perdure il peut devenir maladif. / Il peut être positif car il est source de créativité. Cependant les rêveries et créations ne doivent pas prendre la place des apprentissages qui sont en cours. » tinyurl.com/yu386ney p6
L'ennui n'est nullement un phénomène nouveau mais ce qui a changé ce sont ses manifestations	café pédagogique	« Nous assistons, en effet, aujourd'hui au passage d'un ennui contenu dans les limites de la convenance scolaire, à un ennui qui s'étale ostensiblement avec une arrogance insupportable, interroge la légitimité même des enseignants et menace parfois l'équilibre de l'institution. » tinyurl.com/mws8ha2u
L'ennui vécu en Primaire	CAIRN.INFO chercher, repérer, avancer	« À cet âge, à l'inverse des plus grands, les élèves s'ennuient plus à la maison qu'à l'école. Pour eux, on ne s'ennuie pas à l'école, bien au contraire. » tinyurl.com/y2spmd8p

Points de vigilance

Typologie de représentations chez les futurs PE	CAIRN.INFO chercher, repérer, avancer	« Cette étude se propose d'observer les représentations en fonction de deux variables : la position scolaire de l'élève, et le sexe de l'élève. » tinyurl.com/54fn78wy
Les causes de l'ennui		Tableau 3 : réactions à l'ennui et effets de l'ennui. Tableau 4 : évolution. » tinyurl.com/c3np3cka
Ennui et surdouement intellectuel	WebPédago Partagez la connaissance !	« Il est parfois beaucoup plus dangereux pour l'enfant qui apprend facilement ou qui s'ennuie de le maintenir dans sa classe d'âge… » tinyurl.com/3v238ems

Pratiques de classe

Citations, poésies	Mon Poeme.fr	tinyurl.com/264pux82
Atelier philo : "S'ennuyer c'est quoi?"	POMME D'API	« L'atelier vous est présenté en quatre sections qui vous aideront à vous préparer et à amener vos élèves à réfléchir sur ce thème. » tinyurl.com/4xf6ysnv
3 grands axes qui vont être retravaillés	HAL open science	L'ennui lié au professeur, celui lié à l'activité et le dernier lié à l'élève. tinyurl.com/yu386ney p. 15
L'ennui chez les jeunes EHP : quelques pistes	académie Versailles	« En tout premier, la notion de rythme d'apprentissage, l'EHP apprend plus vite et a besoin de moins de répétitions que la moyenne. Un second principe à prendre en compte est le besoin de stimulation et de complexité. » tinyurl.com/3et4rrmb

Forums

« Et aujourd'hui la maîtresse a dit à la personne qui est venue le chercher qu'il pleurait souvent après le travail, car il finissait toujours avant les autres et s'ennuyait! Je n'ai pas osé lui dire qu'il fallait corser un peu les choses, ou lui donner un travail supplémentaire, ou l'orienter vers des jeux plus compliqués, cela ferait prétentieux. » tinyurl.com/4ytem6r6	« Alors voilà : qu'est-ce qui est du ressort du maître et de l'école pour combattre l'ennui en classe ? J'attends vos - forcément-sublimes réponses... » tinyurl.com/yf3hsd3e	«Un parent me dit "ma fille s'ennuie en classe" (MS) . Que lui répondre? De mon côté, je ne trouve absolument pas qu'elle s'ennuie ! Elle n'a pas l'air demandeuse de travail plus compliqué, elle ne s'intéresse pas du tout à ce qui se passe en Grande section. » tinyurl.com/4kxcu7ry

46- Enseignant

Généralités

Le référentiel de compétences des métiers du professorat et de l'éducation	ministère éducation nationale	« Ce référentiel de compétences vise à affirmer que tous les personnels concourent à des objectifs communs / reconnaître la spécificité des métiers du professorat et de l'éducation, dans leur contexte d'exercice / identifier les compétences professionnelles attendues. » tinyurl.com/bddacsvm
Des propositions de modélisation ("what works")	ifé INSTITUT FRANÇAIS DE L'ÉDUCATION	Facteurs liés à la personnalité de l'enseignant et à l'organisation d'une séance / à l'équipe pédagogique, à l'organisation de l'établissement, à la communauté / aux principes et contenus éducatifs globaux. tinyurl.com/mwp9yr57 p. 7

Points de vigilance

Les causes de découragement ne doivent pas gâcher les sources de fierté	Bien enseigner	« Parlez de vos efforts avec vos élèves. Racontez ce qui fait la beauté du métier de prof, au quotidien ou sur le long terme. Il faut que vous soyez fier d'instruire et d'éduquer la jeunesse, laquelle constitue l'avenir de la nation. » tinyurl.com/yy7hebs6
C'est un travail difficile, passionnant et exigeant		« Les enseignants sont épuisés car l'enseignement implique beaucoup de travail intellectuel, émotionnel et même physique. » tinyurl.com/yy7hebs6
Le regard des enseignants influence les résultats des élèves : l'effet Pygmalion	Cabinet Psy-enfant	« Les élèves désignés "prometteurs" ont en moyenne beaucoup plus progressé que les autres. Ces résultats sont particulièrement vrais pour les classes de CP et de CE1 pour lesquelles on peut penser que les attentes des enseignants jouent un grand rôle. Ces élèves "prometteurs" ont également été perçus comme plus performants et plus agréables que les autres, alors qu'ils avaient en réalité été choisis au hasard. » tinyurl.com/ywyms6mm

Pratiques de classe

Mes maximes personnelles pour enseigner	CANOPÉ Réseau de formation des enseignants	« Réagir de façon détendue aux perturbations, en aucun cas ne finir par les tolérer / Montrer sa joie et féliciter lors de bons résultats, dans le cas contraire s'entretenir face à face avec l'élève / Prendre les délégués et les conseils d'élèves au sérieux. » tinyurl.com/4tv2227u
Établir le portrait-robot de l'enseignant idéal est illusoire.	PSYCHOLOGIES	Cependant, les psychologues, pédagogues et enseignants que nous avons interrogés s'entendent sur quelques qualités fondamentales. tinyurl.com/2p92hnj2
Les principes d'un enseignement efficace d'après Barak Rosenshine	CTREQ Le centre de transfert pour la réussite éducative du Québec	La révision quotidienne / Présenter la nouvelle matière par petites étapes / La pratique guidée / Fournir un étayage pour les contenus plus complexes / La pratique autonome / Des révisions chaque semaine et chaque mois (…) tinyurl.com/4yawbc83

Forums

« Je n'ai pas l'impression de faire le même métier qu'il y a 30 ans et j'avoue que je suis lassée et désabusée. » tinyurl.com/39tvj92c

« Le métier de professeur des écoles que j'aime me fait mal car l'institution a oublié de nous donner les moyens de travailler dans des conditions acceptables. » tinyurl.com/y4m5ra8x

« Ce fut donc une année assez chouette durant laquelle je me suis senti bien, valorisé. J'avais l'impression d'avoir fait le bon choix, d'être au bon endroit. Autant vous dire que ça me paraît vraiment lointain maintenant… » tinyurl.com/3zrzjhmu

« Je n'entends que des témoignages qui me disent que c'est un métier chronophage, où l'on bosse H24 avec des week-ends entiers et soirées entières à bosser après la classe sans avoir le temps pour une vie privée. Que l'on ne pense qu'à ça, qu'on ne parle plus que de ça, que des soirées se finissent en larmes d'épuisement régulièrement. » tinyurl.com/4avafktf

47- Ergonomie scolaire

Généralités

Qu'est-ce que l'ergonomie scolaire ?	carnets2psycho	« Optimisation de l'organisation de l'ensemble des processus éducatifs autour de 4 aspects : espace et temps / hiérarchique / tâche / détente. » tinyurl.com/mry8r3v6
En France, l'ergonomie sèche l'école	vousnousils	« Ces "mauvaises postures" finissent par devenir des "postures de référence pour le cerveau". » tinyurl.com/9myhjrnj

Points de vigilance

Le poids des cartables à l'école primaire	TF1 INFO	« Un cartable pèse en moyenne 8,5 kilos pour un élève en CM1. Bien trop pour le dos des enfants. Les kinés ont une astuce pour calculer le poids qui convient à chacun. » tinyurl.com/556f3kwf
Les déclencheurs de troubles musculosquelettiques	ergofrance	« Tout laisse à penser que les pratiques d'enseignement modernes ont maximisé le problème. » tinyurl.com/teaj7w5d
Prévenir les troubles musculo-squelettiques chez les ATSEM	CDG37	Quatre domaines : la participation à l'action pédagogique des enseignants / l'aide à l'habillage / l'accompagnement sur le temps du repas tinyurl.com/yckk4xwc

Pratiques de classe

Taille du mobilier scolaire	axess	Tableau récapitulatif avec les différentes tailles et hauteurs d'assise en fonction du degré de scolarité des élèves. tinyurl.com/yc3a3wc9
Transformer sa salle de classe ?	padlet	Ressources sur la transformation de l'espace classe tinyurl.com/4sde2py2
Comment sensibiliser les enfants à l'ergonomie ?	azergo	« Commencer par ces 5 règles de base. Expliquez à votre enfant qu'en faisant les bons mouvements, il se sentira bien dans son corps et sera plus fort. » tinyurl.com/396wm889
Apprendre aux enfants à prendre soin de leur dos	France 3 Normandie	« Comment bien faire ses lacets ? En adoptant la posture du "chevalier servant" pour éviter de se plier en deux, position inconfortable pour le dos. » tinyurl.com/yxce8hwx
Une classe où les critères d'ergonomie sont pris en compte		« Elle offre une variété de sièges aux élèves. L'élève a également l'autonomie de favoriser une position dans laquelle il va écouter, apprendre, ou travailler. » tinyurl.com/24be4y2f
Fournitures Scolaires Ergonomiques	MaterielDys / hop'toys	« Des zones grip antidérapantes et empreintes préformées pour guider le positionnement des doigts, des grandes équerres avec préhension amovible, des ciseaux sans effort. » tinyurl.com/44v9jwwr « Plus de 2000 outils ludo-éducatifs innovants et sécurisés » tinyurl.com/28wd4skz

Forums

Siège ergonomique enseignant « Qu'utilisez-vous en classe ? C'est vrai qu'en feuilletant les catalogues, il existe des sortes de tabouret à roulettes pour enseignant. Est-on en droit de demander un peu plus de confort (conditions de travail) ? » tinyurl.com/yykk3upf	« 1°) Disposez-vous d'un mobilier particulier plus adapté aux élèves que ce qu'on voit classiquement ? 2°) Avez-vous des astuces pour améliorer le confort assis des élèves ? 3°) Comment juger si un élève est bien installé ? (j'ai un problème de hauteur des tables dans ma classe, et j'ai besoin de repères pour savoir à quel niveau ils doivent être pour être bien installés, car pour certains j'hésite à changer la hauteur des tables) Merci. » tinyurl.com/yykk3upf

48- Erreur en pédagogie

Généralités

Les élèves français ont peur de mal faire	fcpe	« L'élève français a moins le droit à l'erreur que dans la plupart des pays. » tinyurl.com/yc5d8967
L'erreur selon les conceptions théoriques	Images et Langages	Selon le behaviorisme / Selon le constructivisme / Selon la théorie de l'information. » tinyurl.com/2p423r8e
Les principes de la pédagogie de l'erreur	Professeur Ziani Karim	« L'apprenant a le droit de faire des erreurs. / L'erreur a une valeur de diagnostic. » tinyurl.com/8eamrc6m

Points de vigilance

La pédagogie de l'erreur risque de briser certains élèves fragiles	ToutEduc	« Tous les élèves n'ont pas le même rapport à l'erreur. Ainsi, la pédagogie de l'erreur n'a que peu d'impact positif pour les élèves dyslexiques ou à haut potentiel. » tinyurl.com/4mej7hw5
La méthode d'essai et d'erreur peut ne pas être adéquate	êtreparents	« Échouer à plusieurs reprises dans un même exercice peut faire baisser son estime de soi et sa perception d'auto-efficacité. » tinyurl.com/mvx444zh
Cas où l'erreur est néfaste : l'apprentissage de l'orthographe	académie Grenoble	« Ceux où l'apprentissage est implicite, fondé sur la compréhension et la reproduction des régularités de l'environnement, de manière non intentionnelle. » tinyurl.com/pjwjnhbd

Pratiques de classe

Quand on se trompe, est-ce que cela veut dire qu'on est bête ?	Charivari à l'école	« Réfléchir à ce que vous pensez vous-même du sujet / Préparer des questions pour lancer ou relancer l'échange pendant l'atelier. » tinyurl.com/ye557tte
La dictée sans erreur	Zaubette	« Il vaut mieux rencontrer les mots correctement écrits la première fois. » tinyurl.com/5n6kwj7u
Orthographe et numérique au cycle 3	calaméo	« Comment intégrer le numérique pour apprendre à orthographier ? » tinyurl.com/ykcfu9v3
Affiches Droit à l'erreur	La classe de MariNantes / WebPédago	tinyurl.com/bdfefr9k / tinyurl.com/bdz6xkx5
La peur de l'erreur	Apprendre à éduquer	12 activités pour la dépasser tinyurl.com/yxpphcd3
Cherchez l'erreur !	Lutin Bazar	« Ils doivent lire la phrase, souligner les 5 fautes qu'ils repèrent et récrire la phrase sans erreur. » tinyurl.com/2wy5cmxb
Corriger les erreurs de copie	La classe de Sanléane	« S'il n'a pas les capacités pour corriger seul son travail, je souligne pour l'aider. » tinyurl.com/wdbdtxwk
Construire une typologie des erreurs		Élaboration de la typologie / Appropriation et réinvestissement de la typologie tinyurl.com/5cxxay9t

Forums

« J'aimerais aborder avec mes élèves de CE1 ces thèmes à travers des albums ou plutôt des textes courts en début d'année. » tinyurl.com/3zhubd72	« Suite à une animation pédagogique avec Ouzoulias, j'ai bien envie de tenter l'expérience avec mes CE1. » tinyurl.com/mr4aevza	« Je ne me permets jamais de corriger les fautes d'orthographe pour ne heurter personne, mais là ce qui m'embête c'est que c'est un mot à apprendre par cœur pour la dictée de cette semaine, donc je ne peux pas laisser mon fils apprendre ce mot faux. » tinyurl.com/3b7x57y7	« Je cherche la différence entre erreur et faute. Merci beaucoup ! » tinyurl.com/3xtv9bd8

49- Estime de soi

Généralités

On peut avoir des compétences, des qualités, mais ne pas en avoir conscience	CPAS Charleroi	« L'estime de soi peut être définie comme « la conscience de la valeur personnelle qu'on se reconnaît dans différents domaines. Toutefois, ce n'est pas tant la valeur qui importe, mais la conscience de celle-ci. » tinyurl.com/pukp9ukj
Ce qui favorise une bonne EdS	Impacts	Les sentiments de sécurité / d'appartenance / de compétences / La connaissance de soi et des autres. tinyurl.com/3nvtfdbc
Pourquoi la question de l'EdS se pose-t-elle à l'école ?	Aroéven	« Il a été démontré que l'EdS est à la base de la motivation. En la favorisant chez les enfants, on investit dans la prévention des difficultés d'adaptation et d'apprentissage, ainsi que dans l'embellissement de leur vie. » tinyurl.com/yc6d732j

Points de vigilance

Un concept surappliqué	le Soleil NUMÉRIQUE	« Une expérience menée sur 163 enfants de 10 à 13 ans : il est loin d'être certain qu'un jeune qui s'aime beaucoup réussira mieux que les autres. » tinyurl.com/4h4w9vnc
La plupart des élèves en difficultés ont une EdS positive	SH Sciences Humaines	« Les chercheurs se sont donc intéressés à un élément plus spécifique et plus flexible : la confiance en ses capacités d'apprentissage. » tinyurl.com/yckc753y
Les effets possibles de l'évaluation	académie Reims	Effet de sidération / Déstabilisation / Production d'interrogations périphériques à la tâche tinyurl.com/y68mphs5

Pratiques de classe

Synthèse de l'animation pédagogique « EdS et apprentissages »	académie Grenoble	« Que peut faire un enseignant au sein de la classe, de l'école, pour aider au développement du sentiment de sécurité, du sentiment d'appartenance, du sentiment d'identité et du sentiment de compétence ? » tinyurl.com/2r3yz49p
Aborder l'EdS en classe	inspiration école	« Je vous propose la traduction d'une fiche de préparation pour une classe tirée de ce projet. » tinyurl.com/mr2re62h
Promouvoir l'EdS : un des rôles de l'École ?		« Comment éviter que l'École ne produise une sous-EdS chez certains enfants ? Comment peut-elle aider durablement un enfant à développer une EdS alors qu'elle n'a pas la capacité d'intervenir sur les facteurs extrascolaires qui sont à l'origine de cette estime de soi insuffisante ? » tinyurl.com/bdhdhcxa
Le papillon rare	Marie Meilleur	« Savez-vous que VOUS êtes également des papillons rares ? Chacun à votre façon ! » tinyurl.com/bdcsry3r
5 dynamiques d'EdS à réaliser en classe	êtreparents	La chaise chaude Le coffre aux trésors caché Le cercle des devinettes Mimes Les statues tinyurl.com/4ymw2a75

Forums

« Effet de groupe (ou pas ?) plusieurs dans ma classe se trouvent nuls (alors que pour la plupart ce sont des bons élèves !). Ma question : comment travailler avec eux pour qu'ils aient une bonne image d'eux-mêmes ? Les aider, rendre un peu de confiance à ceux qui sont en difficultés... »
tinyurl.com/yw975jf8

« Je viens ici pour partager avec vous un projet que j'ai réalisé depuis janvier dans ma classe. N'hésitez pas à laisser des commentaires pour les enfants. Nous allons régulièrement en salle informatique pour les lire. En juin nous allons réaliser une expo de tout ce travail. Ça aura été une expérience unique, émouvante et très forte pour tout le monde ... »
tinyurl.com/3yxr9bs6

50- Évaluer

Généralités	L'évaluation de l'élève peut s'intéresser au résultat et/ou à la stratégie de l'élève	académie Nantes	« L'évaluation pédagogique consiste à émettre un jugement (qui peut n'être que qualitatif et pas nécessairement quantitatif) à partir d'un recueil d'informations sur l'activité, le comportement ou le travail d'un élève. » tinyurl.com/3c3r77u8
	Pourquoi évaluer ?	académie Nancy-Metz	« Pour rendre compte : à l'institution et à la société / aux parents d'élèves / aux élèves eux-mêmes. Pour SE rendre compte : ajuster ses pratiques / dépasser une approche globale, souvent juste mais trop imprécise. » tinyurl.com/5n75daku
	Les différents types d'évaluation	UR Université de la Réunion	Les évaluations diagnostique / formative / sommative / certificative / normative / critériée. tinyurl.com/r8yjy5re
Points de vigilance	Les pratiques évaluatives saturent l'école	OCCE Coopérons dès l'École	« On passe plus de temps à évaluer qu'à apprendre. » tinyurl.com/3kpm479w
	Ma première évaluation d'élève	MAIF	« Penser l'évaluation dès la conception d'une séquence pédagogique / Proposer une correction juste mais valorisante / Préparer une remédiation en classe. » tinyurl.com/4m9zs3yb
Pratiques de classe	98 façons de dire « très bien »	educatout	« Tu es sur la bonne voie à présent ! / Ça, tu le fais très bien. / Je savais que tu y arriverais. » tinyurl.com/mzaxjryr
	6 manières de pratiquer l'évaluation positive	Apprendre à évaluer	« Engager l'intelligence des enfants / Insister sur l'apprentissage réalisé et la prochaine fois. » tinyurl.com/27rrd8m4
	Rallye-liens cahiers de réussite et livrets d'évaluation	le petit bazar de valécrire	« J'aimerais beaucoup mettre cela en pratique avec mes CM2… Avez-vous testé… et gardé ou éliminé car trop complexe à mettre en place ? Merci de laisser vos avis … » tinyurl.com/yv2acydt
	Le classeur de suivi des apprentissages	Del a Kibouille	« L'enfant participe à son évaluation, à la collecte de ses réussites, au remplissage du CSA. » tinyurl.com/2b2davfh
	L'évaluation positive	Kyban	« J'avais déjà amorcé le principe avec les ceintures de conjugaison. » tinyurl.com/yeynfdbz « C'est pertinent (selon moi, et bien d'autres aussi), adapté et efficace. » tinyurl.com/su7akwf6
	Pour impliquer les élèves	OCCE Coopérons dès l'École	« L'enseignant annoncera clairement les objectifs et partagera les critères d'évaluation. » tinyurl.com/3kpm479w
	Fiches d'autoévaluation	Tous à l'école	Niveaux 1 et 2 : tinyurl.com/4mjsh6w7 tinyurl.com/p2vjthy9
	La carte heuristique pour évaluer	WebPédago Partagez la connaissance	« J'utilise la carte heuristique quotidiennement. L'idée m'est venue de m'en servir comme contrôle. » tinyurl.com/2p859y4f

Forums

« Je panique, j'ai peur de faire trop simple, trop difficile. Si quelqu'un a déjà préparé quelque chose, je suis preneuse !!! » **tinyurl.com/5n6t6yu4**

« Tout le monde s'y retrouve : les élèves (qui savent ce qu'ils doivent remédier, en utilisant régulièrement leur livret), les parents (qui sont tenus au courant au fur et à mesure des évaluations) et bien entendu le maître (pour des raisons évidentes... lol). » **tinyurl.com/5xefs66u**

« Sur le cahier du jour, j'utilise tb, b, ab, vu mais sur les évaluations et sur le livret, j'aimerais utiliser des lettres. Aussi, pour plus de clarté pour moi (et pour les parents parfois aussi), je mettrai quelques notes sur 10 ou sur 20. Mais toujours accompagnées de la lettre que l'on pourra retrouver sur le livret. » **tinyurl.com/32rm7mad**

51- Exercices et exerciseurs

Généralités	Les générateurs d'exercices les plus connus		« Il existe de nombreux générateurs d'exercices sur Internet qui permettent de créer QCM/quiz, textes à trous, éléments à remettre dans l'ordre, mots croisés, dictées… » Le plus simple est d'utiliser les outils en ligne. » tinyurl.com/3v2c4zvz
	Modalités d'utilisation des exerciseurs		« - En binômes, en prenant garde que les deux élèves travaillent à tour de rôle / - Donner des devoirs à la maison sous la forme de série d'exercices, ce qui permet à tous les élèves d'avoir des rétroactions. » tinyurl.com/4wfxus8z
Points de vigilance	Gérer la différenciation dans le temps		« Il faut impérativement différer la partie "exercices" de la partie "apprentissage-découverte" d'une leçon. Ceux-ci seront réalisés par les élèves (lesquels ?) plus tard. » tinyurl.com/2p85p2sj
	Quelles caractéristiques pour favoriser l'apprentissage ?		« 100 applications éducatives ont été analysées, à peine la moitié d'entre elles ont pu effectivement être considérées comme des outils d'apprentissage. Seulement 17 fournissaient une forme de rétroaction aux apprenants. » tinyurl.com/2p8zbkyk
Pratiques de classe	Exemple de site gratuit (Mon cartable du Net) proposé par un blogueur		« Vous trouverez dans ce site des fiches prêtes à une utilisation avec des élèves du CP au CM2 : des exercices d'entraînement, des exercices en ligne, les objectifs dans différentes matières, des vidéos, des ateliers en autonomie… » tinyurl.com/3ktwuzvf
	Les "Fantastiques Exercices"		« Les exercices ont été rédigés en fonction des besoins particuliers des élèves dyspraxiques puis adaptés pour les autres élèves de la classe, de façon à ce que les objectifs d'un même exercice soient accessibles à tous et poursuivis par tous au même moment. » tinyurl.com/5yttanme
	Un site pour de faire créer par les élèves des exercices en ligne		« Chaque groupe réalise un exercice sur un sujet lié au thème choisi, puis tous les élèves peuvent travailler sur les exercices que les autres groupes ont créés. » tinyurl.com/4jbjr9ve
	Je ne fais que 2 fiches d'exercices par notion		« Les exercices viennent vraiment à la fin lorsque la notion a déjà été travaillées plusieurs fois. En cas de difficultés, le retour à la manipulation, l'usage de jeux ou la mise en place de rituels sont bien plus efficaces que des exercices supplémentaires. » tinyurl.com/y3w5yxv2
	Utiliser les textes produits par les enfants comme supports d'exercices		« Les textes produits individuellement vont être utilisés pour des activités décrochées communes à tous. Ils sont déjà connus, ils sont compris et porteurs d'une forte dimension affective : ce sont des textes qui leur "parlent". » tinyurl.com/y4ke525x

Forums

« J'aime beaucoup la méthode mais les exercices proposés ne me permettent pas de laisser mes CP en autonomie pour m'occuper des CE1. Je suis sans arrêt obligée de créer des exercices. » tinyurl.com/ycxtfe8v

« Je pars plutôt sur 2 par jour (un de maths et un de français) mais très peu d'élèves finissaient le niveau un. Est-ce que j'en demande trop ou au contraire est-ce que je ne suis pas assez exigeante et qu'ils ne travaillent pas assez ? » tinyurl.com/yzdd9kw4

« On m'a reparlé des exercices à mettre dès l'arrivée des élèves au tableau pour qu'ils se mettent au travail direct. Ce conseil m'avait déjà été donné par un CPC, il y a trois ans et c'est vrai que j'ai abandonné. Je voudrais reprendre mais que proposer comme exercice ? » tinyurl.com/mwnt23ye

52- Fiches de prep'

Généralités

Les FdP permettent de prévoir précisément ce qui va se passer		« Ce que l'on veut faire apprendre aux enfants / comment on évaluera les acquis / quelle(s) stratégie(s) on choisit et pourquoi / de quel matériel on aura besoin. Cela permet aussi de vérifier que les types d'activités sont variées : oral / écrit ; travail individuel / de groupe / collectif … » tinyurl.com/35jjvc8p
Les FdP structurent la pensée et l'améliorent		« Avec les temps, les enseignants ne font plus de FdP. Seuls les excellents enseignants continuent ! » tinyurl.com/2p9fzmz8
Aide à la conception		FdP séance / FdP séquence tinyurl.com/2p8wm5pa

Points de vigilance

Séance – séquence / Compétence - objectif		« Attention à deux incompréhensions habituelles en début de carrière. » tinyurl.com/mracj9az
On fera apparaître…		Dans le chapeau / Dans le corps tinyurl.com/bdhfhx4h
Je n'en ai jamais rempli une seule de ma vie…		« Avertissement : il s'agit d'un point de vue personnel auquel chacun est libre d'adhérer ou pas. » tinyurl.com/p2xnes97

Pratiques de classe

FdP séances vierges		tinyurl.com/5ek7xbcd tinyurl.com/ys49t74r tinyurl.com/mrj9jrh6
FdP séquences vierges		tinyurl.com/2p8wdpsf tinyurl.com/3r332wj4
Mutualisation de FdP		« Les séquences du site sont proposées par de généreux collègues qui partagent leur travail. » tinyurl.com/44pb7ezx
FdP selon les Intelligences multiples		« Pour chaque objectif principal, je prévois plusieurs ateliers s'appuyant sur des intelligences différentes. J'entoure l'IMIDOU et je détaille l'atelier. » tinyurl.com/ymkv5jhc
FdP en pédagogie explicite		« Pour chacune des étapes, il est important de préparer en amont les questions permettant de vérifier la compréhension. » tinyurl.com/552cubtk
FdP Grammaire Ce2		tinyurl.com/44k3pr4r
FdP en Arts visuels		« Je vous proposerai des FdP et des activités sur le modèle présenté ci-dessous. Ce sont des séances menées en classe. » tinyurl.com/3pj5wzxe
FdP Oeuvres de référence		« L'interrogation des œuvres doit viser la pertinence et non l'exhaustivité. » tinyurl.com/7wcxrfs2

Forums

« Je suis obligée de m'y plier pour les visites de l'Espe mais ces FdP ne me sont d'aucune utilité : je sais par coeur ce que je veux faire, au besoin j'adapte ce que j'avais prévu en fonction des réactions des élèves… » tinyurl.com/yfew7pc5

« Je vais bientôt être inspectée et j'ai du mal à faire des FdP... je n'ai jamais fait ça avant, et je trouve ça long et difficile. Je tiens mon cahier journal de la manière la plus appliquée possible et prépare mon emploi du temps par semaine. » tinyurl.com/24kzydyp

« Si certains ont des exemples de FdP de séquences, ce serait sympa de partager. Ou bien des méthodes pour les construire. Perso je n'en ai pas, c'est bien dommage Marie. » tinyurl.com/2tuzzwym

53- Fournitures scolaires

Généralités	En théorie, les manuels scolaires sont des FS individuelles	*académie Grenoble*	« Les FS individuelles, dans la mesure où il s'agit de matériels utilisés par un seul et même élève et qui restent à terme sa propriété, ne relèvent pas du principe de gratuité scolaire et restent à la charge des familles. » tinyurl.com/2rjf9844
	Les écoles doivent produire des listes de FS raisonnables.		« Un cartable allégé / Des produits triables et recyclables / Une élaboration concertée / Informer les familles / Limiter le coût pour les familles. » tinyurl.com/2upfrzmn
	Liste-modèle pour la rentrée	*ministère éducation nationale*	« Il revient aux directeurs d'école de limiter et d'harmoniser les demandes des enseignants, d'organiser un échelonnement des achats et d'engager autant que faire se peut des achats groupés de fournitures. » tinyurl.com/2upfrzmn
Points de vigilance	Quels risques pour les enfants ?	ADEME	« De nombreuses substances sont susceptibles de pénétrer dans leur organisme : par contact cutané / par ingestion / par inhalation / par voie oculaire. » tinyurl.com/5hfkrz4u
	Les conseils de l'association des ostéopathes de France	Femme Actuelle	« Le sac doit rester près du corps et être le moins espacé possible du dos. Idéalement, il doit faire la hauteur du torse et s'arrêter cinq centimètres au-dessus du bassin. En principe, les épaules ne doivent pas supporter de poids. » tinyurl.com/yzwh47mv
Pratiques de classe	SOS je prends quoi ?	Charivari à l'école	« On a tous nos petites habitudes, nos marottes... mais j'essaie de faire une liste-kit-de-survie, un peu passe-partout, qui peut convenir à tout le monde » tinyurl.com/5h5ptcyk
	Les parents payent un forfait et c'est nous qui achetons le matériel	Cenicienta	« Je distribue une carte de fournitures à chaque élève. Une fois que la réserve est épuisée, c'est aux parents de racheter ce qui manque. » tinyurl.com/4tfj78x4
	La réserve restera en classe	Laclassebleue	« Merci aussi de préparer pour la rentrée une petite réserve de ce qui s'use rapidement. » tinyurl.com/5c2cemvz
	Un modèle d'inventaire	Chez Val 10	« En vue de préparer la commande pour l'année prochaine. » tinyurl.com/2n7ehydu
	L'idée d'une liste modulable	Kyban	« Je voulais aussi pouvoir réutiliser ce travail chaque année, même si je dois changer de niveau. » tinyurl.com/5dcja7ba
	Se regrouper pour acheter ses fournitures scolaires moins chères	francetv info	« Sur internet ou parfois directement dans les écoles, il est possible de se regrouper pour acheter les fournitures scolaires en gros. Un énorme avantage pour les parents qui économisent jusqu'à 50 %. » tinyurl.com/bdebt4xr

Forums

« Jusqu'à présent je n'avais jamais rien acheté pour moi, hormis un ou deux stylos rouges ou surligneurs. D'où ma question : Qu'est-ce que vous trouvez pratique, au quotidien en classe ? Qu'est-ce qui vous simplifie la vie ? » tinyurl.com/2rdrfarp	« À part des magazines déjà découpées et un litre de colle à moitié entamé, il n'y a rien. Il n'existe pas de fournitures d'arts communes à l'école et le budget de la classe ne permet pas d'en acheter. » tinyurl.com/3rhvw2cv	« Dans mon école, ils refusent de compter les TPS dans le budget fournitures et transports. S'il y a 6 TPS et 16 PS dans la classe, au lieu de faire la somme allouée par élève multipliée par 22, on doit uniquement compter 16 élèves. » tinyurl.com/4vyzmj4r

54- Gauchers

Généralités

À quel âge le choix de la main se fait-il ?	**Doctissimo**	« En moyenne, elle se fait entre 3 et 6 ans. Selon une étude réalisée sur environ 8 000 enfants, via des enseignants répartis aux quatre coins de la France, il y aurait 12,6 % de gauchers par classe, soit presque 4 élèves sur 30. » tinyurl.com/mvtm4a9m
Le point sur 8 idées reçues	**L'OBS**	« Aujourd'hui, les gauchers ne sont plus contrariés / Plus de chances d'être gaucher si vous êtes un homme / L'hérédité a son mot à dire / Le gaucher est maladroit / Les gauchers écrivent mal / Ils sont excellents en sport / Ils ont un esprit créatif / L'oppression a laissé place à la fierté. » tinyurl.com/2v45fysn
Pourquoi y a-t-il 10% des gauchers ?		« Le fait que le pourcentage de gauchers soit si constant semble indiquer qu'il y ait un équilibre de forces évolutionnaires. En effet si un trait donné est "neutre" sur la "fitness" d'une espèce, il va facilement subir des dérives génétiques, et varier significativement d'une population à l'autre. » tinyurl.com/2wutb8xb

Points de vigilance

Sur 800.000 élèves gauchers, 300.000 seraient en état de souffrance physique ou psychologique	**Slate**	« N'étant pas gauchère, il y a tout un ensemble de problématiques auxquelles je n'avais jamais songé. L'encre qui bave, les ciseaux qui ne coupent pas au bon endroit… les soucis matériels sont quotidiens et ce n'est que la face émergée de l'iceberg. » tinyurl.com/nhbszvrz

Pratiques de classe

Pour vous assurer qu'un élève est bien gaucher	académie Rouen	« Vérifiez en premier lieu s'il y a des gauchers dans sa famille ainsi que l'acquisition du schéma corporel. Ensuite, quelques petits tests peuvent aider. » tinyurl.com/59c4r5vj
Aider les élèves gauchers à réussir	Bien enseigner	« Apprendre à écrire : positionnement du papier / choisir et utiliser l'ustensile d'écriture. Autres considérations : votre disposition des sièges / leur souris d'ordinateur / enseignez les compétences en reflétant. » tinyurl.com/2p8hcpvy
L'inclinaison de la feuille (vidéo)	Écriture Paris Graphopédagogue	« Une adulte gauchère écrivant avec le poignet cassé, la feuille inclinée dans le "mauvais" sens fait un angle à 90° avec l'avant-bras alors que la position de confort est dans le sens de l'avant-bras. » tinyurl.com/msypskcb
Un sous-main en version gaucher	Laura LEFEBVRE Graphopédagogue	« Afin de l'accompagner je vous propose un sous-main avec les modèles de lettres, de chiffres / les points d'attention avant de commencer à écrire (posture, tenue de crayon…) / du lignage qui, avec un sous-main plastifié, permet de s'entrainer au feutre ou au crayon effaçable. » tinyurl.com/bdbavf8n

Forums

« Certains sont des gauchers contrariés, d'autres pas. Tous ont connu des difficultés, plus ou moins grandes, pour apprendre à évoluer dans un monde de droitiers. Mais tous arborent leur latéralité avec fierté. » tinyurl.com/557zp89a

« La graphothérapeute aurait expliqué aux parents que l'enfant était un VRAI gaucher) et que du coup il n'arrive pas à transposer les apprentissages, et cet effort de transposition serait à l'origine de sa lenteur et de ses difficultés relatives. » tinyurl.com/2s4cusf2

« Bonjour, je voulais savoir comment vous faisiez pour l'écriture (en gs) sur fiche plastifiée ? En effet, souvent, voire quasiment tout le temps, mes gauchers effacent ce qu'ils écrivent au fur-et-à-mesure. Merci pour vos petits tuyaux. » tinyurl.com/397nzmpy

« Son écriture est quasi illisible, il écrit très gros, parfois pas vraiment sur les lignes. Par ailleurs, cela le gêne puisque du coup il est archi lent de chez archi lent. Il fournit des efforts mais je ne sais pas vraiment comment l'aider. Il semble vraiment souffrir de ses difficultés pour écrire. » tinyurl.com/2jmka37t

55- Harcèlement

Généralités

Trois caractères sont constitutifs de la notion de harcèlement	NON AU HARCÈLEMENT	« L'intentionnalité / la répétition des actes et la durée de l'épisode / le harceleur est plus fort physiquement, ou plus à l'aise dans le champ social ou verbal. » tinyurl.com/5n945y4n
Quel est le profil des victimes et celui des harceleurs ?	AGIR CONTRE LE HARCÈLEMENT À L'ÉCOLE.GOUV.FR	« Souvent, il s'agit d'enfants vulnérables, timides, anxieux, qui ont peur d'eux-mêmes, qui vont vite être repérés par quelqu'un qui est terriblement fragile aussi, mais qui fonctionne dans l'agir. » tinyurl.com/55b3yj48
Le programme « pHARe »	éduscol	« Il intègrera toutes les écoles élémentaires à la rentrée 2022. » tinyurl.com/3wb44br2

Vigilance

Les différentes formes de harcèlement	AGIR CONTRE LE HARCÈLEMENT À L'ÉCOLE.GOUV.FR	L'insulte, la moquerie / Les origines sociales, ethniques / Les agressions physiques. » tinyurl.com/55b3yj48

Pratiques de classe

Philosophie pour enfants		« 10 petits dessins animés qui abordent la question du harcèlement scolaire. Ils pourront servir de support pour une réflexion avec les enfants (7 à 12 ans). » tinyurl.com/3m9hh5ht
Les grands embêtent Lulu à la récré	Charivari à l'école	« Plutôt cycle III : un questionnaire pour faire réfléchir individuellement les élèves ». tinyurl.com/en8t95c4
Situation-problème		« Les 6 groupes se verront confier l'étude d'un cas. Il s'agira d'analyser la petite histoire et de soumettre à la classe une solution. » tinyurl.com/zpvpajhw
Le point de départ sera cette vidéo	Chez Val 10	« J'ai conçu une petite fiche pour démarrer l'activité avec un questionnaire pour faire réfléchir les enfants après le visionnage. » tinyurl.com/2p848dre
Mon voisin Masuda *de* Miho Takeda		« On découvre donc une petite fille Miho, qui est en CP, et son camarade de classe n'arrête pas de l'embêter, de se moquer d'elle, il casse ces affaires… » tinyurl.com/5n7pcnt6
L'UNICEF soutient Les Petits citoyens : dix films d'animation 3D	LES PETITS CITOYENS	« Les six personnages invitent ainsi les enfants de 6 à 11 ans à se questionner et à débattre, à travers dix situations qui illustrent des situations de harcèlement. » tinyurl.com/4cujby9m
Kit pédagogique du clip « MDR »	académie Poitiers	« Ce kit a été conçu pour les enseignants de cycle 3 (CM1 et CM2), afin d'accompagner la diffusion du clip ainsi que les débats avec les élèves. » tinyurl.com/4bmbyka6
Meilleure affiche / Meilleure vidéo		Prix « Non au harcèlement » 2014 à 2022 tinyurl.com/bdhubmzs

Forums

« Cependant, j'ai dans ma classe une élève très rêveuse (elle passe son temps à regarder par la fenêtre ou regarder dans le vide) et donc est très en difficulté au niveau scolaire, qui subit des harcèlements de la part d'un élève de ma classe et de certains camarades de l'école. » tinyurl.com/4cunxvcz	« L'école est confrontée pour la 1ère fois au harcèlement scolaire entre élèves de CM2. En tant que directrice j'ai recueilli les propos des élèves concernés, informé les familles et rencontré une partie avec l'enseignante de la classe. » tinyurl.com/ytcs9vwr	« Je sais que ce type de problème est toujours très délicat à gérer mais ce n'est pas concevable que des enfants subissent 2 ans de harcèlement sans pouvoir trouver une solution. » tinyurl.com/3aam9m8t

56- Humour

Généralités

Les grandes espèces du comique	ENSEIGNEMENT.BE	« Deux s'avèrent des plus fécondes alors que les autres semblent, à l'inverse, d'un emploi dangereux : la moquerie / l'ironie / la parodie, le jeu de mots, le mot d'esprit / L'humour. » tinyurl.com/53vx88xu P.7
Les buts de l'enseignant qui pratique l'humour	hep	« Recadrer / garder l'attention / ambiancer / souligner l'apprentissage / le lien. » tinyurl.com/yf96hcm7 p22
4 critères entre entre le rire acceptable et le rire inacceptable	UNIVERSITÉ LAVAL	« L'atteinte à la dignité / l'atteinte à la réputation / l'atteinte haineuse / l'acceptabilité sociale pour des blagues dites de mauvais goût, graveleuses. » tinyurl.com/2s4jvz2x

Points de vigilance

Le professeur doit connaître les limites de l'humour pédagogique	le café pédagogique	« Il doit donc balancer entre humour et sérieux, souplesse et fermeté, présence et distance afin de ne pas sortir de son rôle et perdre toute crédibilité. Il doit créer une ambiance propice à l'étude en compensant l'effort intellectuel de compréhension et de mémorisation demandé aux élèves par des phases de dépressurisation et de décontraction. » tinyurl.com/2dmtt8m6
L'humour dans la classe ? Attention…		« Serais-je toujours capable d'admettre la réciprocité ? Ce que je croyais être de " l'humour " risque d'être perçu par l'élève comme ironie blessante et, réciproquement, ce que les élèves pensaient n'être qu'attitude anodine risque de m'apparaître comme " insolence ", mise en cause intolérable de mon autorité. » tinyurl.com/523z5s26

Pratiques de classe

Une recherche rapide sur Google Image	Maitresse...	« Dessin humoristique + le thème de votre séquence » tinyurl.com/44cfszf4
Ils commencent ainsi l'école en lisant, puis en riant…	Bla-bla... cycle 3	« Deux élèves qui ont cette responsabilité choisissent et affichent la blague (proposition d'un élève acceptée en conseil d'élèves). L'activité a encore plus de sens, et je n'ai plus la contrainte de l'affichage chaque jour ! » tinyurl.com/3c2j9avv
Un bon Poisson d'avril à l'école ?	Charivari à l'école	« Je suis mal à l'aise avec les blagues trop stressantes. » tinyurl.com/yc4f6f4c
Affiches	Philéas & Autobule / hop'toys	Pourquoi ris-tu ? tinyurl.com/4rwsyns4 / Rire 8 minutes par jour, c'est bon pour la santé ! tinyurl.com/3a5nsetp
Ateliers philo	ecoqueue / adosen / Philéas & Autobule	Art et Philo en C3 tinyurl.com/4brb4nub / Peut-on rire de tout ? tinyurl.com/yn7tfvvk / Pourquoi ris-tu ? tinyurl.com/mus8ut5a / Rire de quoi ? Pourquoi ? tinyurl.com/2mnp9vy3

Forums

« Bonjour, faites-vous rire vos élèves ? Si oui, quand ? comment ? Connaissez-vous des histoires, poésies qui vont faire rire vos élèves ? Vos témoignages m'intéressent. »   tinyurl.com/2p93hp34

« J'ai décidé d'aborder la 5ème période sous le thème de l'humour. Bon, je sais, c'est vaste… donc j'avais envie de me centrer sur les jeux de mots. Je vous mets les débuts de pistes que j'ai en tête, si vous avez des pistes, des idées… »   tinyurl.com/ye935zwm

57- Hygiène et santé

Généralités

En quoi consiste la santé ?	« La santé est un état de complet bien-être physique, mental et social, et ne consiste pas seulement en une absence de maladie ou d'infirmité. » tinyurl.com/5c5tns3d
L'hygiène à l'École	Hygiène individuelle / Hygiène collective tinyurl.com/2v7aavsz
Le parcours éducatif de santé pour tous les élèves	« Améliorer le bien-être et réduire les inégalités, en intervenant au moment où se développent les compétences et connaissances utiles tout au long de la vie. » tinyurl.com/y6kamnch
Le Projet d'Accueil Individualisé (PAI)	« Permettre aux élèves atteints de troubles de la santé évoluant sur une longue période de poursuivre leur scolarité. » tinyurl.com/yvcpxw78
Attendus de fins de cycles (2020)	C1 tinyurl.com/2kcpmeev C2 tinyurl.com/4h28xpxv C3 tinyurl.com/2p8fwmj5

Points de vigilance

Organisation des soins et des urgences	L'armoire à pharmacie / La trousse de premiers secours tinyurl.com/499zkhcw p. 3
Protocole sanitaire (2021-2022)	« Maintenir une stratégie privilégiant l'enseignement en présence, pour la réussite et le bien-être des élèves, tout en limitant la circulation du virus au sein des écoles et établissements scolaires. » tinyurl.com/4svbvfd5
Collation à l'école	« Les produits élaborés par les parents d'élèves et destinés à être consommés à l'école présentent des risques plus élevés que ceux que l'on prépare chez soi. Voici quelques recommandations principales » tinyurl.com/4dzmv8zp

Pratiques de classe

Fiches – Séances – Séquences - Kits	Gs tinyurl.com/7s6u8kbx Cp-Ce1 tinyurl.com/577y7m52 tinyurl.com/59ekkw5b Ce1 tinyurl.com/4nn6xkzr Ce2 tinyurl.com/yy59nw4d C1-C2 tinyurl.com/39mvezcx tinyurl.com/y2zrf5zy C2 tinyurl.com/yc6hkbtu C2-C3 tinyurl.com/4rjuxs6e C2-C3 tinyurl.com/26mdbdkv C1-C2-C3 tinyurl.com/2s3986p8 tinyurl.com/scw3evx5
Fiches - Séances - Séquences à partir de littérature de jeunesse	Lave-toi les mains ! tinyurl.com/4ejju8wz Rendez-moi mes poux ! tinyurl.com/ycyeb7t6 Le prince Olivier ne veut pas se laver tinyurl.com/2p93c9za Crocky le crocodile a mal aux dents tinyurl.com/37d4eku5
Affiches	tinyurl.com/3u58m4we tinyurl.com/2habcbvy tinyurl.com/54mn2jhv tinyurl.com/8w534ujx tinyurl.com/7tjsczrf

Forums

| « Je voudrais organiser en classe un petit déjeuner ayant pour but de composer soi-même son petit-déjeuner équilibré. » tinyurl.com/pj4ck737 | « Ce garçon présente d'énormes problèmes d'hygiène. Il sent l'urine et le reste pour ne pas entrer dans les détails… » tinyurl.com/mpn5h28y | « Comment gérez-vous le lavage des mains après le passage aux toilettes ? » tinyurl.com/3bs53ube | « Ces deux mêmes élèves ont régulièrement des poux. » tinyurl.com/msemuas5 |

58- Innover

Généralités

Qu'est-ce que l'innovation pédagogique ?	académie Paris	« Innover, c'est OSER, cela implique des remises en cause de pratiques et c'est accepter de se tromper. Ce n'est pas nécessairement révolutionner. Ce peut être simplement "faire un pas de côté", un "micro-changement" qui peut en induire beaucoup d'autres chez les élèves, et peut conduire l'innovation à avoir une portée plus importante. » tinyurl.com/4txrzyk6
Éducation nationale : quel bilan pour l'innovation ?	café pédagogique	« Le rapport souligne que la plupart des expérimentations ne sont jamais évaluées. Il est donc difficile, voire quasiment impossible, de savoir quels sont les effets de ces expérimentations sur les élèves. » tinyurl.com/4rrbfak8

Points de vigilance

Ce qui fait le succès d'une innovation c'est sa diffusion et sa pérennisation	Cniré	« Même s'il faut saluer et encourager les "enseignants innovants", il est tout aussi important de mettre en évidence et d'analyser la dimension collective et institutionnelle qui permet aux projets de se développer, de se diffuser et de survivre à leurs initiateurs. » tinyurl.com/4dcmcz54 p.8
L'innovation pédagogique, mythes et réalités	EIDOS64	« "Il faut inverser la classe" "le numérique permet d'innover en pédagogie" "les élèves apprennent mieux en groupe" ou "en découvrant par eux-mêmes", "en conduisant des projets" et "en étant actifs", "il faut leur proposer des situations authentiques" et suivre "une approche par compétences" : quel est l'état des connaissances scientifiques à propos de ces idées pédagogiques très générales ? » tinyurl.com/yckk4wce
L'innovation ne porte pas en elle de plus-value intrinsèque	UR UNIVERSITÉ DE LA RÉUNION	« Conscients que toutes les innovations ne sont pas des réussites, que le pire peut côtoyer le meilleur, ne serait-ce que parce que de nombreuses pratiques n'ont de sens et de pertinence que dans le contexte qui les a fait naitre et sous la direction de ceux qui les ont créées, de nombreux enseignants sont raisonnablement attachés aux pratiques qui, selon eux, ont fait leurs preuves. Ils se méfient désormais avec lucidité des grandes réformes tout comme des innovateurs, et dans le doute, ils préfèrent souvent la prudence voire l'abstention... » tinyurl.com/5e65eexm p.30

Concrètement

Recenser et valoriser les actions innovantes et les expérimentations	ÉDUSCOL	« Innovathèque est accessible à tous les personnels du MENJ depuis Arena ou Pléiade. Elle est désormais également ouverte au grand public pour consultation. » tinyurl.com/he26t75y
Accompagner et étudier les pratiques innovantes et expérimentales, favoriser les échanges	ÉDUSCOL	« Innovathèque offre également aux équipes innovantes la possibilité d'être conseillées et accompagnées par les CARDIE qui les aident à affiner leur projet ou à mettre en forme leur action. » tinyurl.com/3fv6ujxn
Manifestations	INNOVATION en éducation / ÉDUSCOL / Le Carrefour de l'innovation pédagogique / café pédagogique	Congrès de l'Innovation en éducation tinyurl.com/yys77rn3 Journée de l'innovation tinyurl.com/j6hrenu4 Carrefour de l'innovation pédagogique tinyurl.com/4kz2bu6c Forum des enseignants innovants tinyurl.com/2dchtnru

59- Inspection / Rendez-vous de carrière

Généralités

À quoi sert le RVdC ?	« Le RVdC est un temps d'échange sur les compétences acquises et sur les perspectives d'évolution professionnelle. » tinyurl.com/5bmwv5t2
Cadre de l'évaluation des établissements du premier degré	« Il est complété par : le guide de l'auto-évaluation / le cahier des charges de l'évaluation externe / la charte de déontologie de l'évaluation externe. » tinyurl.com/4bf5hc3m
Missions des inspecteurs de l'Éducation nationale	« Les IEN : évaluent / inspectent / participent à l'animation pédagogique dans les formations / peuvent se voir confier des missions particulières / peuvent conseiller les directeurs d'école / assurent des missions d'expertise. » tinyurl.com/4xahjwy4

Points de vigilance

Le document de référence de l'entretien	« Il sert de conducteur pour l'entretien professionnel. L'agent a la possibilité de le renseigner et, le cas échéant, de le remettre avant ou lors du ou des entretiens. » tinyurl.com/mtsyhmh5
Les pratiques d'inspection	« Les IEN : psychologue / patron / pragmatique / régulateur / gestionnaire. Les enseignants : candide / favorable / aigri / sceptique / proche de l'IEN / opposant. » tinyurl.com/5fx4jzvx

Concrètement

Préparer son RVdC	Fiches tinyurl.com/2p9bwkau tinyurl.com/2p9p9atf
Calendrier de RVdC	Infographie tinyurl.com/5n8f4s8k annexe 2
Mon premier RVdC	Épisodes 1 : La révélation / 2 : La proposition / 3 : La confrontation / 4 : La libération tinyurl.com/2vj8fr7s
Comment j'ai préparé mon RVdC ?	« Nous avons eu en début d'année à l'école une note de service indiquant ses attentes le jour de l'inspection. Comme avant, elle voulait naturellement avoir un regard sur le mode de fonctionnement de la classe, les programmations, les outils de préparation, et les cahiers des élèves. » tinyurl.com/5x9zvner
Les questions posées lors de l'entretien	« Pourquoi je pratique cette pédagogie ? Comment je me suis formée ? Quels sont les avantages et inconvénients de cette pédagogie ? Quel recul j'ai depuis sa mise en œuvre ? Comment et où je me vois dans 20 ans ? » tinyurl.com/2tz78kwd

Forums

« Je garde un très mauvais souvenir de l'entretien. Elle s'est montrée plutôt "odieuse". En 1h30 d'entretien, elle ne m'a parlé de ma pratique et de ce qu'elle a observé que 15-20 min. Le reste du temps, elle n'a parlé que de paperasse !!! » **tinyurl.com/3debpj6m**

« On ne va pas réinventer la poudre, enseigner c'est aussi savoir chercher les bons outils. Une question pour mon inspection je pense reprendre une séance d'Accès (assez connue : compléments à 5 avec les petits lapins). Donc très peu voire pas de modification dans la séquence. Cela peut-il poser souci ? » **tinyurl.com/yabwxeku**

« Pour la visite en classe, cela devrait aller... Par contre, je ne sais que préparer pour la "partie" direction d'école. Les documents officiels ne parlent que de la visite de classe et de l'entretien. » tinyurl.com/5n898cmy

« Refuser son rendez-vous de carrière ? Pour diverses raisons je souhaite refuser mon rendez-vous de carrière (échelon 8). Je n'arrive pas à trouver d'info fiables à ce sujet. Quelqu'un a-t-il déjà été dans ce cas où pourrait me renseigner sur les éventuelles conséquences ? » **tinyurl.com/mrz5hhzs**

60- Interroger les élèves

Généralités	En quoi consiste le questionnement ?	POLYTECHNIQUE MONTRÉAL	« Poser une ou plusieurs questions aux élèves de sorte à susciter leur réflexion, obtenir plus d'informations sur la compréhension. » tinyurl.com/2p8bx4dm
	Cinq fonctions		Questions de progression / de contrôle / d'aide / de redécouverte / de production. tinyurl.com/mpp5zfny
	Les différents types de questions	Université du Québec	Les questions ouvertes / fermées / relances / structurantes / qui appellent une liste de réponses tinyurl.com/2s3spben
Points de vigilance	Les critères pour une question efficace	JOIN THE TABLE	« Suscite la curiosité ; encourage une conversation réflexive ; donne une impulsion ; concentre l'attention et précise la recherche de solutions. » tinyurl.com/bdhwm54r
	Apprentissage vs évaluation	économie-management	« Le questionnement d'apprentissage devrait s'intéresser davantage aux réponses incorrectes qu'aux réponses correctes. » tinyurl.com/bddchnc9 p. 70
Pratiques de classe	Technique de questionnement		« L'enseignant doit commencer par attirer l'attention des élèves avant de poser sa question à toute la classe avant que l'on désigne un élève en particulier. » tinyurl.com/2s4ft8sb
	8 astuces pour aider les élèves qui ne lèvent jamais la main	Maitresseoh	« Il n'est pas question ici de brusquer les élèves introvertis (à la mode "note de participation") mais plutôt d'aménager un cadre de travail dans lequel ils pourront s'exprimer plus facilement. » tinyurl.com/9w7cnay6
	Travailler le questionnement avec "Un jour, une actu"		« J'adore les petites vidéos "Un jour une actu". Chaque sujet est évoqué sur la base du questionnement Qui, Quoi, Où, Quand, Comment, Combien, Pourquoi… » tinyurl.com/4dtd5cju
	EQPCER en enseignement explicite	Mélimélune	Enseigner d'abord / Questionner / Pause / Choisir un élève au hasard / Écouter la réponse / Rétroaction tinyurl.com/mu2dwsur
	Pour interroger les élèves au hasard	PortailEduc	« Sur chacun des bâtonnets de glace en bois figure le prénom d'un élève. Elle pioche au hasard un bâtonnet, qu'elle pose ensuite dans son tiroir. » tinyurl.com/3e9vun4u « Wheel Decide est un outil en ligne gratuit. » tinyurl.com/2p94xvv8
	Questionner systématiquement sur les leçons	Charivari à l'école	« J'interrogeais systématiquement quelques élèves tous les matins, sur les leçons à apprendre à la maison. Je faisais cela "à l'ancienne" » tinyurl.com/3sndy74n
	Questionnements systématiques de texte	Le blog de Chat noir	« Au début c'est un travail qu'il faut effectuer de manière collective sur l'affiche du texte, en demandant aux élèves de bien justifier leurs réponses. » tinyurl.com/4hhmm79f
	Infographie	The Lingua Franca Academy	tinyurl.com/pp7xed5t
	Applications	SocialCompare	tinyurl.com/3a72nvfw

61- Jeu et apprentissage

Généralités

Jouer, c'est apprendre	Éducation et Enseignement supérieur Québec	« L'enfant apprend par l'imitation, l'observation, l'expérimentation ou le questionnement, mais le jeu est sa manière privilégiée d'apprendre et l'aide à développer son plein potentiel. » tinyurl.com/aa4dkvut
Qu'est-ce que la pédagogie par le jeu ?	Bien enseigner	Le jeu libre est autodirigé et dicté par la propre motivation de l'enfant. Le jeu dirigé est encouragé par l'adulte et vise un objectif d'apprentissage spécifique. tinyurl.com/yrufyx3d
Différentes formes d'étayage aux enfants	Manitoba	Le modèle / l'accompagnateur / le conseiller / le mentor tinyurl.com/2p8chvp2 p.47

Points de vigilance

Le curriculum caché	UNIVERSITÉ DE GENÈVE	« Les joueurs moins réflexifs ont en réalité besoin du savoir qui leur manque, donc d'un enseignement. Seul le guidage du maître peut briser cet enfermement. » tinyurl.com/3zd9tfp6
Le jeu est intéressant s'il y a des moments où l'on ne joue plus !		« Qu'on puisse jouer pour s'entraîner à travailler, c'est une évidence, mais que tout travail soit un jeu et réciproquement, je trouve cela dangereux. » tinyurl.com/yr5kwfbd

Pratiques de classe

Aide personnalisée : une approche par les jeux de société	académie Toulouse	« Sur chaque fiche sont présentés : les enjeux d'apprentissage et points de vigilance / l'aménagement du jeu en fonction des enjeux d'apprentissages visés. » tinyurl.com/yt5w35em
Apprendre les lettres et la numération	académie Poitiers	« Le groupe Mission maternelle a constitué un inventaire de jeux "sans écran" permettant d'apprendre les lettres et la numération. » tinyurl.com/mr479396
Sites et blogs		tinyurl.com/ujujmu44 tinyurl.com/ycybdm8h tinyurl.com/24nzy6fy tinyurl.com/3rep5tf6 tinyurl.com/vss8h9p2 tinyurl.com/h3czynnj tinyurl.com/cu49ekpn
Écrire les règles d'un jeu	académie Versailles	tinyurl.com/mt7ehnjr tinyurl.com/5824cad8 tinyurl.com/ysk78vu7
Terminer une période de manière ludique	profissima	« J'aime créer des jeux exceptionnels auxquels ils ne joueront qu'une seule fois dans l'année. » tinyurl.com/4bys6czw
Ateliers autonomes : jeux à fabriquer au C2	Le jardin d'Alysse	« Voici donc quelques jeux à réaliser avec peu de matériel ou de la récupération. » tinyurl.com/4racsmv9
Tous les jeux que j'utilise en classe (plus de 100 !)	Monsieur Mathieu Apprendre en jouant !	« J'ai des séances de jeux planifiées et ancrées dans mon emploi du temps mais j'utilise aussi les jeux en atelier dirigé au milieu de mes séances, en remédiation en APC. » tinyurl.com/j5cdkc9f

Forums

| « Je me suis décidée pour un projet annuel autour du jeu qui me permettra de travailler dans de nombreux domaines. Auriez-vous des idées ? » tinyurl.com/5n8dj4wj | « Je voudrais des jeux 1- attrayants pour lui (il a beaucoup de mal à rentrer dans les tâches scolaires) 2- peu encombrants et bruyants (pouvant être faits sans déranger la classe) 3- dans l'idéal auto correctif. Je n'ai trouvé que le katamino qui correspond à ces critères. » tinyurl.com/aaup43y7 | « J'ai une classe de GS-CP. Dans mon école, nous faisons la fête des parents. J'aimerais faire fabriquer à mes élèves un jeu de société. Nous avons commencé la fabrication d'un jeu de 7 familles avec mes GS mais je n'ai pas d'idée pour les CP. » tinyurl.com/3pv8cvbk |

62- Mémoriser

Généralités

Cinq réseaux neuronaux distincts	Inserm	« Les mémoires : de travail (à court terme) / sémantique et épisodique (long terme) / procédurale (automatismes) / perceptive (modalités sensorielles). » tinyurl.com/mvvenhh2
Trois phases de mémorisation	académies Caen Rouen	1- l'encodage / 2- le stockage / 3- la récupération tinyurl.com/yy6pfb6x
Mémoriser ce n'est pas apprendre par cœur		« C'est d'abord penser à l'importance de ce que l'on mémorise donc avoir le désir de le faire. C'est ensuite comprendre ce que l'on veut mémoriser, » tinyurl.com/2p8d3vey

Points de vigilance

Les supports d'aide à la mémorisation en classe	académie Nancy-Metz	Utilisation et organisation du tableau / affichage pédagogique / conception des cahiers outils. » tinyurl.com/437yj324
Règles de conduite pour le maître		Établir des liens entre les connaissances / Favoriser la mise en mémoire pendant la conduite de la leçon tinyurl.com/437yj324

Pratiques de classe

Une vidéo pour les élèves	Maître Lucas	La mémoire et quelques méthodes pour apprendre ses leçons tinyurl.com/42wtrnjy
Autodictée	Charivari à l'école	« Ma stratégie c'est de faire comme si les élèves n'avaient personne à la maison pour les aider. » tinyurl.com/e6u8w2ne
Fiches méthodos élèves	La classe de Mallory	Comment apprendre sa leçon de …. tinyurl.com/2dmkuhx6
Donnons-leur des stratégies pour y arriver	Maitresseoh	« Je vais vous lister 7 approches pour faciliter l'apprentissage des tables de multiplication, à choisir en fonction de l'élève que vous accompagnez. » tinyurl.com/yfrr5jyb
Test	académie Limoges	Quel est mon type de mémoire ? tinyurl.com/2p8ey36w
La carte mentale	Cogni'classe Sciences cognitives	« Elle favorise la mémoire à long terme. » tinyurl.com/mt2k564e
Apprendre les mots en autonomie avec un	L'école de Jule	« Un diaporama minuté, qui se déroule donc comme une vidéo, sans intervention. » tinyurl.com/jh4bbh8z
Le jeu MOV	Maitresseoh	« L'enfant tire une carte-mot et la mémorise / il cache la carte, lance le dé / et il effectue l'action indiquée par le dé. » tinyurl.com/469dw23f
Les flashcards	Apprendre à apprendre	« Construisez une boîte à cinq compartiments. » tinyurl.com/22538vfe

Forums

« Quelles sont vos méthodes pour mémoriser l'orthographe d'un mot ? Niveau ce2. » tinyurl.com/4k8ezytd

« Comment faites-vous dans vos classes pour ancrer les notions ? Des rituels le matin en arrivant ? Des activités ritualisées intégrées aux autres matières ? (ex : en chaque début de séance de grammaire, on revoit une notion précédente). Des plans de travail ? » tinyurl.com/y2jy7k4d

« Voilà, je voudrais travailler avec mes élèves sur le "petit déj anglais" Combien de mots nouveaux je peux leur demander de mémoriser pendant la séance ? » tinyurl.com/5n8zmshv

« Le principe a l'air pas mal mais je me demande comment le réaliser matériellement dans une classe (bonjour les boites à étiquettes mal fermées dans les cases... et les étiquettes qui se renversent un peu partout, non ? Et puis comment faire tenir les séparations entre les différentes cases de la boite ???) Pensez-vous que ce soit réalisable et efficace ? » Avez-vous déjà testé quelque chose de semblable ? » tinyurl.com/2tzyn2m8

63- Métacognition

Généralités

Qu'est-ce que la métacognition ?	Université de Lille	« Il s'agit de s'observer le plus objectivement possible, comme si l'on observait quelqu'un d'autre, afin de percevoir ce que l'on a fait, les stratégies que l'on a utilisées dans cette situation d'apprentissage. Il s'agira ensuite d'essayer de comprendre le pourquoi de ces choix, de ces actions ou réactions, d'identifier les processus mentaux mis en œuvre, d'en apprécier la pertinence, de les évaluer, et enfin de voir s'il est possible ou nécessaire de procéder autrement. » tinyurl.com/yshyexy2
Activer ses six compétences métacognitives	HAL open science	« La première méthode est de demander à l'élève de verbaliser avant, pendant et après la réalisation de la tâche. / La seconde méthode est la confrontation avec les pairs : partage de stratégies dans le groupe et explicitation de son mode de fonctionnement. » tinyurl.com/yr4t4w2y p.14

Points de vigilance

La métacognition doit-elle être enseignée ?	CANOPÉ	« Il est préférable d'enseigner la métacognition de manière concrète et impliquée, en évitant le dédoublement de l'attention et la surcharge cognitive. » tinyurl.com/yck35xjv p.36
Quand aider les élèves à décrire leurs sentiments métacognitifs ?	Institut des troubles d'apprentissage	« Il est important de ne pas faire d'instruction verbale de la métacognition pendant une tâche nouvelle pour ne pas augmenter la charge cognitive des apprenants. » tinyurl.com/yc6xjfh9 p. 82

Pratiques de classe

Fiche d'auto-évaluation Enseignant	UNIVERSITÉ DE GENÈVE	« Un outil de mesure élaboré en vue d'évaluer si l'enseignant a pu intégrer certaines stratégies métacognitives dans son enseignement. » tinyurl.com/cun7ncna p81
Exemples d'interventions métacognitives	TA @l'école	Avant l'apprentissage / Pendant l'apprentissage / Après l'apprentissage tinyurl.com/zhyb5dc8
Une pédagogie du modelage explicite	académie Lyon	« L'enseignant indique directement la réponse attendue et montre la stratégie pour l'obtenir. » tinyurl.com/24y7h2ta
Promouvoir les compétences métacognitive CP - Ce1	Lea.fr	Fiche récapitulative / Découvrir son cerveau / La métamémoire tinyurl.com/htkn8tre
La métacognition (8 séances)		Séance 4 : Je peux aider mon cerveau à mieux apprendre ! tinyurl.com/569cr2w5

Forums

« Avez-vous des bons exemples de métacognition ? (J'essaie de rattacher à chaque concept des exemples concrets...). Merci pour vos témoignages ! » tinyurl.com/yhy7244b

« Quelqu'un pourrait-il m'éclairer sur ce terme ? Merci. » tinyurl.com/yks5sjn5

64- Méthodes pour apprendre

Généralités			
	Que font les élèves efficaces ?	ÉDUSCOL	« Ils cherchent à comprendre la question avant de se lancer / Ils ont conscience des opérations mentales requises / Ils découpent la recherche de la solution en sous-tâches et contrôlent activement l'accomplissement de chacune / Ils évaluent l'exécution de chaque sous-tâche pour s'assurer qu'elle a été bien faite / Ils réfléchissent à l'efficacité relative de diverses stratégies d'apprentissage et prennent des mesures pour les améliorer. » tinyurl.com/3fs7u8a5
	Quelle démarche en situation réelle adopter pour l'aide méthodologique ?	inrp	« Elle pourra exister dans des séquences spécifiques pour tous visant le développement des compétences transversales en propre, très utilisées à l'école primaire, bien souvent considérées comme innées, mais faisant partie intégrante des habitus et à ce titre profondément inégalitaire si rien n'est fait pendant le temps scolaire. » tinyurl.com/ycykr77r

Points de vigilance			
	Que font les élèves en difficulté ?	ÉDUSCOL	« Décisions rapides d'arrêt du travail par manque de confiance et de succès préalables / Persistance dans des stratégies inefficaces par dépendance aux stratégies de résolution que l'on pense adaptées. » tinyurl.com/3fs7u8a5

Pratiques de classe			
	Comment enseigner une nouvelle stratégie en 8 phases ?	Manitoba	« 1- Présentez la stratégie, expliquez pourquoi on l'utilise et quand elle est particulièrement utile. 2- Faites-en la démonstration en pensant tout haut pour que les élèves puissent observer le processus. » tinyurl.com/mxkwwau2 p. 3
	Deux leçons de méthodologie : en classe / à la maison	Kyban	« Cette année, j'ai souhaité travailler, de manière explicite et plus cadrée les techniques d'apprentissage et de travail des élèves. J'ai donc concocté deux leçons de méthodologie pour réunir tout ça. Nous n'aborderons bien sûr tout cela progressivement. » tinyurl.com/y3tjrk9h
	Des répertoires de fiches méthodologiques	Lutin Bazar	tinyurl.com/yvhz4623 tinyurl.com/ymhcpfps tinyurl.com/5n842sym tinyurl.com/32yf3svc
	Le cahier METHODOC		« Il renferme des astuces, des stratégies d'apprentissage mais aussi des infographies diverses sur le cerveau, la mémoire, distillées de manière explicite. » tinyurl.com/2rkec674
	Apprendre ses leçons	EDUMOOV	« Séance 1 : Comment apprends-tu tes leçons ? 45 min / S2 : Expérimentation de méthodes d'apprentissage 45 min / S3 : apprentissage des leçons 40 min. » tinyurl.com/4vkbx8az

Forums			
	« Comment les aider à trouver leur propre stratégie pour apprendre une leçon, l'orthographe des mots etc… Ça me dérange vraiment que certains sortent de l'école élémentaire en étant désorientés devant une leçon d'histoire à apprendre. » tinyurl.com/fz6xafpc	« Chaque année, j'ai des soucis avec l'écriture des devoirs (erreur de page : jour, mois, …) pour mes élèves de CM. » tinyurl.com/yc4js75y	« Cette année mes élèves écrivent très très lentement, parfois aussi très très mal et font plein d'erreurs de recopiage. Ils ont également beaucoup de mal à respecter une présentation correcte de la date, du titre, ils collent n'importe comment, plient n'importe comment, soulignent n'importe comment, tracent des traits de séparation n'importe comment etc. Tout cela me donne donc des cahiers du jour et des cahiers de français etc qui ressemblent en tout point à des cahiers de brouillon. » tinyurl.com/ycyy658k

65- Métiers, services, responsabilités de l'élève

Généralités

Dans la pédagogie institutionnelle les "métiers" consistent à distribuer des tâches aux élèves.	HAL open science	« À l'image d'une micro société où chacun tient son rôle et son métier, les élèves prennent cette mission et se la partagent. Cela leur permet de se sentir nécessaire et utile à la vie de classe et donc intégré au groupe qui est alors plus soudé. » tinyurl.com/4822yu42 p. 12

Points de vigilance

N'oublions pas que les rôles ne sont jamais figés		« Une rotation de ces rôles est indispensable. Il faut éviter tout aussi bien des monopolisations décourageantes que des rentes de situation que des esquives ou des défaussements de responsabilités. » tinyurl.com/uyyde4ua
L'organisation des rôles confiés aux élèves : une fonction véritable de manageur	CAHIERS PÉDAGOGIQUES	« Dans tous les cas, il s'agit bien de mettre en évidence la signification de solidarité et l'apprentissage de l'initiative dans la vie sociale, inhérents à la prise de responsabilité en chaque rôle., cadre essentiel de la société post-industrielle. » tinyurl.com/uyyde4ua

Pratiques de classe

Exemple de liste des métiers	Stylo Plume	« Je vous avais demandé sur Facebook quels étaient les métiers dont vous aviez besoin. » tinyurl.com/3ycx9b6z
Comment répartir les métiers ?	Lutin Bazar / Stylo Plume / picrtess / mais que fait la maîtresse ? / DES YEUX DANS LE DOS Ressources Pédagogiques	« Lorsque l'élève a terminé la semaine dans le vert, il est prioritaire. » tinyurl.com/y64ckmvb « J'ai décidé d'associer l'attribution de ces responsabilités à des défis "problèmes". » tinyurl.com/y9ah2w9t « Gestion on ne peut plus simple à mon avis : 2 élèves par jour pour TOUTES les responsabilités. » tinyurl.com/75srudda « 3 seuls métiers que j'utilise au quotidien dans mes classes : - petits assistants / - petits nettoyeurs / - petits horlogers » tinyurl.com/2p9adcak « Les métiers sont attribués lors du Conseil de classe. » tinyurl.com/3kfd9ha9 Sous forme de tableau à double entrée tinyurl.com/mvsjs4vv « Il suffit de tourner la roue et le tour est joué. » tinyurl.com/yvbf4asd
Des étiquettes à coller sur les bureaux	mon ecole	« Ainsi, plus d'oubli possible. Le rôle est même ré-expliqué au dos de ces étiquettes. » tinyurl.com/2p8986kc
La fusée des services	lilipomme	« La liste d'élèves est fixe, et les services sont sur des pinces à linge. Chaque semaine un élève descend les pinces et voilà ! » tinyurl.com/2nx9uv95
12 drapeaux des responsabilités	Christall Ecole	« Le format modifiable est aussi disponible pour que vous puissiez les adapter. » tinyurl.com/4auxkey6

Forums

« J'aimerais créer un fichier Excel qui me permettrait la répartition automatique des responsabilités pour n'oublier personne et que chacun puisse passer au moins une fois dans chaque responsabilité. » tinyurl.com/ycmvx8cd	« En fait je suis à la recherche d'une présentation d'un tableau de responsabilité en petite section. Est-ce que ce genre de tableau est adapté en petite section ? » tinyurl.com/yck7m92h	« Le prof que je remplace avait pour habitude de créer une responsabilité hebdomadaire pour chaque enfant. Ça me parait beaucoup et vous qu'en pensez-vous ? » tinyurl.com/3bv76383	« Je trouve des posts sur les tableaux, sur les images, mais rien où on récapitulerait toutes vos idées de "petits métiers" pour les élèves dans la classe. Pendant que j'y suis, je récapitulerai aussi les idées de tableau, et les sites où on trouve des images. Bon je commence. » tinyurl.com/3u9yfxk6

66- Motivation scolaire

Généralités

Trois indicateurs de la motivation selon Viau	Actes du 3ème congrès des chercheurs en éducation	« L'engagement dans la tâche, la persévérance et la performance (atteinte du but). À la source de la motivation (ses déterminants), on trouve les perceptions que l'élève a de lui-même et de la tâche. » tinyurl.com/yc8633kt p. 159
Le professeur est-il responsable de la motivation des élèves ?		« La responsabilité des enseignants porte sur les moyens, pas sur les résultats. » tinyurl.com/2p832zu7 p. 7
Le rôle des parents dans la motivation à apprendre ?	UFAPEC	« La famille est la première véritable école de l'enfant apprenant. L'enfant doit baigner dans un univers de stimulations qui valorise les activités intellectuelles.» tinyurl.com/3s6jfjfh
Les principales causes de démotivation des élèves		« La première est l'indifférence voire la répulsion (croire que les enfants ont un goût naturel pour l'école relève de l'illusion). » tinyurl.com/bzenxahj

Points de vigilance

Les systèmes de récompenses motivent-ils vraiment les élèves ?	PROFInnovant	« Les systèmes de récompenses ont comme objectifs d'améliorer le comportement et la motivation des élèves. Cependant, ce type de système ne change pas le comportement des élèves en difficultés. » tinyurl.com/jafw37ds
Six recommandations face à des élèves considérés comme faibles ou démotivés	Rézo Ø	« Être confiant qu'ils peuvent apprendre et leur exprimer / Éviter "Ce n'est pas grave, tu as fait de ton mieux" / Démontrer de l'enthousiasme à leur enseigner et de l'intérêt pour leur réussite. » tinyurl.com/2sjnvbn7

Pratiques de classe

Système de récompense au primaire : idées et exemples	Bien enseigner	Le visage souriant / Les jetons / L'étoile de la semaine / Bravo pour ton bon comportement / Le système des perles / ClassDojo : un système de récompenses en ligne.
Activités scolaires pour récompenser en éduquant		Aider l'enseignant à présenter une leçon / Inviter un "compagnon de lecture" / Bien lire une histoire à haute voix aux plus jeunes élèves. tinyurl.com/2dj543p6
Les tampons pour motiver, pour féliciter	DES YEUX DANS LE DOS	« Voici un petit best-of totalement personnel de "tampons de motivation" » tinyurl.com/2p9h79vk
Une perforatrice	Maicresse	« C'est un peu ringard et au début, je pensais que tout cela finirait vite aux oubliettes, mais depuis 3 ans, ça fonctionne plutôt bien avec mes CM2. » tinyurl.com/84a4z5jv
Jokers pour motiver les élèves	Caricortos	« Lorsqu'un élève veut utiliser son joker, j'écris la date dessus et je signe. » tinyurl.com/593v67jp

Forums

« J'aimerais proposer aux élèves une source de motivation pour les amener à se faire violence et respecter beaucoup plus strictement les règles de vie. » tinyurl.com/yn8h7x8k	« Des d'élèves ne rencontrent pas de difficultés particulières mais n'ont pas envie de se forcer à ouvrir et lire des livres... Que faire ? » tinyurl.com/y6zh73ec	« Mes 7 CE1 ne sont absolument pas motivés par le souci de bien faire mais préfèrent travailler vite pour faire un coloriage... » tinyurl.com/mwr3crfd

67- Mutualiser

Généralités

Pourquoi mutualiser à l'école ?	SNUipp FSU	« Sans arrêt, les enseignants ont besoin de nouveaux savoirs et surtout d'approfondir leurs manières de mobiliser ces savoirs à bon escient dans l'exercice du métier pour mieux s'adapter. Le métier se construit par l'expérience, la mutualisation et l'analyse de pratiques. » tinyurl.com/2p9eaz9n

Points de vigilance

Protéger les contenus de blogs	creative commons	Les outils Creative Commons tinyurl.com/4dswzs4j
L'épuisement	HAL open science	« Après 9 années consacrées à Cartables.net, nous ressentons le besoin de lever le pied... » tinyurl.com/yu6w796t p. 227
L'idéologie du tout gratuit : conséquences	OXFAM Magasins du monde	« L'échange non-monétaire accorde une place centrale à la construction du lien avec l'autre – le bien ou service échangé ne faisant que symboliser cet échange. » tinyurl.com/38knjrzm

Pratiques de classe

Se lancer	LE CAFE DU FLE	« Pour mutualiser dans une école, il vaut mieux concrétiser rapidement un petit objectif : "Allez hop, pour mardi prochain, tout le monde met en ligne deux fiches pédagogiques sur le Google Drive de l'école." » tinyurl.com/29b25ztc
Innovathèque	éduscol	« Cette application recense, diffuse et valorise plus de 7000 projets innovants et expérimentaux. » tinyurl.com/he26t75y
Ressources-primaires.fr		« Vous aussi, participez à l'enrichissement de la banque de données en déposant vos réalisations. » tinyurl.com/2p8awkdt
Rallye lien : rien de vaut le partage des méthodes !	pépins & citrons	« L'organisateur du rallye fait un article sur un thème et propose aux blogueurs intéressés de faire un article en relation avec ce thème. » tinyurl.com/yxj4avbm
La communauté des profs blogueurs	CPB La communauté du partage	« En mai 2011, plus de 60 profs du primaire, créateurs d'un blog de partage de ressources sur Eklablog, ont fondé une sorte de club. Pourquoi ? Pour rien, juste parce que cela faisait un bon moment qu'ils se croisaient sur le net, se souriaient par smileys interposés, et avaient fini par créer des liens qu'ils ont eu envie de sceller pour de bon. » tinyurl.com/yc7tnn3b

Forums

« Du coup m'est venue l'idée de mutualiser les ouvrages qu'on a et qu'on aimerait lire et pourquoi pas se les prêter.... L'envoi par la poste en tarif lettre pour un livre n'est pas énorme (3 ou 4 € pour un bouquin) et on pourrait également échanger sur nos lectures .... Est-ce que d'autres seraient intéressées ? » tinyurl.com/j4b4ntyx	« Ce serait idiot de garder cela pour moi seule, donc je les mets en ligne, histoire que les échanges ne soient pas toujours dans le même sens ! » tinyurl.com/bdeebndr	« Je pense que ce serait une bonne chose qu'il y ait un post avec nos écrits longs pour que les PE2 de l'année prochaine ne soient pas perdus comme nous l'avons été. » tinyurl.com/5f5bf4d5

68- Neurosciences et pédagogie

Généralités	Le cerveau : visite guidée		Chaque sujet est traité par niveaux d'explication : débutant – intermédiaire - avancé. » tinyurl.com/nbew8fwv
	Qu'est-ce que les neurosciences ? les sciences cognitives ? la neuroéducation ?		« Nous avons rassemblé plusieurs acteurs, chercheurs qui exposent en quoi les neurosciences cognitives peuvent apporter des éléments d'éclairage dans les pratiques pédagogiques. » tinyurl.com/7pstm6c8
	S. Dehaene ouvre un site pour les enseignants		« Quelques éléments de sciences cognitives pour les enseignants et les parents. » tinyurl.com/59e6rd5t
Points de vigilance	Qu'est-ce que les neuromythes ?		« La place de plus en plus importante que prennent les sciences du cerveau dans notre société s'accompagne d'idées irréalistes, non fondées sur les faits, que nos propres intuitions et espoirs contribuent à renforcer. » tinyurl.com/3pj8jau7
	Éviter la double tâche		« Lorsque le cerveau est occupé à gérer une tâche non automatisée, toutes les ressources attentionnelles sont sollicitées par cette activité. Celles-ci ne peuvent se répartir sur d'autres actions cognitives, le cerveau se retrouve en situation de double tâche. » tinyurl.com/38e58aua
Pistes pour la classe	Les 4 piliers de l'apprentissage		« Les sciences cognitives ont identifié 4 facteurs principaux de réussite d'un apprentissage : l'attention, l'engagement actif, le retour d'information, et la consolidation. » tinyurl.com/t7akf8f4
	La théorie des "intelligences multiples"		« Gardner prédit l'existence de huit formes différentes d'intelligence. Nous pouvons aujourd'hui en observer sept au sein de notre cerveau. » tinyurl.com/ythfx5tp
	John Hattie a fait des recherches sur plus de 50000 études		Ce qui nuit à l'apprentissage / Ce qui ne nuit pas, mais n'aide pas non plus / Ce qui n'aide que peu / Ce qui aide vraiment tinyurl.com/yzkzvm26
	Littérature Jeunesse		« Mr Neurone, le directeur de l'agence de voyage, est leur guide à travers les régions de ce monde fascinant. » tinyurl.com/2np4mse5
	Les types d'attention nécessaires pour apprendre		« L'attention sélective / l'attention soutenue / l'attention divisée. L'enjeu est d'amener les élèves à passer rapidement d'une attention à une autre. » tinyurl.com/yckmsyfa
	Le projet ATOLE : l'ATtention à l'écOLE		« Une présentation en 15 diapositives du protocole ; les fiches pédagogiques pour vous permettre de commencer la mise en oeuvre dans votre classe. » tinyurl.com/5994eu2h

69- Numérique à l'école

Généralités	Les plus-values des TICE au service de la réussite	ÉDUSCOL	L'élève acteur de son apprentissage / Motivation et valorisation / Apprentissage facilité / Continuité pédagogique / Connaissance immédiate des résultats. tinyurl.com/2asadhr8
	Le numérique c'est utile pour ? dans le but de ?	Prim à bord	« Nous avons ensuite précisé notre question : quels usages ? / quels outils ? / quelles plus-values ? » tinyurl.com/3hhsura9
Points de vigilance	Les enseignants face au numérique	EPI L'Avenir en Partage	Les pionniers et les "mordus" / Les sceptiques / Les insécures / Les craintifs / Les réfractaires. tinyurl.com/2h4ktkyx
	Les auteurs l'affirment sans détour : tout ceci est un désastre.	CAIRN.INFO	« Nous présentons ci-après une synthèse de ces arguments avant d'émettre quelques remarques générales à leur égard. » tinyurl.com/2udvs9yx
Pistes pour la classe	Les responsabilités dans les usages du numérique à l'école	académie Aix-Marseille	« Pour chacun des 13 thèmes traités, les fiches explicitent le problème posé, proposent des pistes de réponses, rappellent les préconisations académiques et présentent des ressources mobilisables. » tinyurl.com/yc4kar2t
	Des ressources numériques au service des apprentissages, à la portée de tous !	#ClasseTICE 1d	« Les séquences, séances, matériels, sites, activités en ligne sont systématiquement décrits sous l'angle de la plus-value qu'ils peuvent apporter. En effet, l'utilisation du numérique n'est pas une fin en soi. » tinyurl.com/4mnuwj87
	Le numérique pour la relation école famille	sitecoles	Opportunités, conseils et vigilances. tinyurl.com/wfj7amxm
	26 usages pour votre TBI	académie Grenoble	Un tableau pour écrire / pour projeter / pour dynamiser son enseignement / pour sa gestion de classe / pour modeler les bonnes pratiques / pour créer. tinyurl.com/3xuzz2k2
	Découvrez Les fondamentaux	les fondamentaux	400 films d'animation ludiques pour apprendre les notions fondamentales de l'école élémentaire. tinyurl.com/ycztfn6z
	Les fiches Numériqu'@ction	Prim à bord	Au service des apprentissages avec des ressources et des outils concrets à mettre en œuvre en classe. tinyurl.com/3k9wbyv6
	Le site Calcul@TICE	Prim à bord	Un site d'entraînement au calcul mental tinyurl.com/h5y9cdzj
	Rallyes-liens sur le numérique	Mme Bonydé Dix mois	tinyurl.com/2cefdyd2 / tinyurl.com/e2petnf8 tinyurl.com/mhdpstmy / tinyurl.com/yfnb2dey

70- Observation (stage)

Généralités

Les SO et SOPA pour les étudiants se destinant aux métiers de l'enseignement	*académie Montpellier*	En Licence, le stage d'observation (So) permet de découvrir les différentes facettes du métier. Il est limité à l'observation en cours et au sein de l'école ou de l'établissement. En M1 Meef, le stage d'observation et de pratique accompagnée (SOPA) est d'une durée de 4 semaines. On propose à l'étudiant une prise en charge progressive des cours, après une phase d'observation, en présence d'un conseiller pédagogique ou d'un enseignant expert. Ces expériences, préparées en amont du stage, sont ensuite analysées en cours de formation. tinyurl.com/4kxm7hfn
Exemple de livret d'information et d'accompagnement		« Ce livret a vocation à clarifier les principaux points relatifs à la place du SOPA dans la formation des futurs PE ainsi qu'au rôle de chacun de ses acteurs. » tinyurl.com/mutwn2mt

Points de vigilance

Observer est-il suffisant pour comprendre ?		« Les gestes professionnels experts passent inaperçus quelles que soient les grilles dont on aura doté nos jeunes collègues ! Face à une pratique tâtonnante, ils repèrent assez facilement "que cela ne va pas" et donc ils auraient à se glisser dans une posture de reconstruction... mais avec quels outils professionnels puisqu'ils sont novices ? » tinyurl.com/3h4374wp
Les enjeux éthiques sous-jacents à l'observation de classe	CAHIERS PÉDAGOGIQUES	« J'estime qu'une négociation est indispensable pour que l'observé ne devienne pas un objet-chose. Celui qui laisse entrer quelqu'un dans son univers de travail n'a-t-il pas droit à quelques garanties ? Entre autres, celle-ci, essentielle : l'absence de jugement sur son travail. » tinyurl.com/4hbx8whm

Pratiques de classe

Exemple de cahier des charges	*académie Lyon*	SO et SOPA Master Meef 1er degré 2022 tinyurl.com/d5239889
Vouloir tout observer simultanément, c'est ne rien voir	eppee	« L'observateur choisira donc des objets ciblés au cours des observations : observation libre pour amener au questionnement - observation organisée pour rechercher des indices, dégager des critères, vérifier, sélectionner - observations comparées avec d'autres observations ou avec des documents - observations suivies dans le temps pour comprendre une évolution - observation et mesures. » tinyurl.com/4yhh5w3z
Exemples de grilles d'observation		Une classe : tinyurl.com/43sdut3y tinyurl.com/4wts755c tinyurl.com/yckjusm2 tinyurl.com/bdd86cw2 tinyurl.com/p4z75kz9 L'engagement des élèves dans l'apprentissage : tinyurl.com/2p8z6fwk Les interventions verbales sous l'angle du genre : tinyurl.com/2hf36s3b

Forums

« Je voulais savoir si certaines ou certains d'entre vous avaient fait des stages d'observation en classes pendant leur préparation au concours. Cela vous a-t-il été ? Comment ? Je m'apprête à en faire quelques-uns en me disant que je comprendrais mieux les consignes et programmes… Vous en pensez quoi ? Merci ! » tinyurl.com/557nuwyu

« Le directeur est d'accord, mais l'IEN ne prend que des étudiants ! Comment faire quand on est candidat libre ? » tinyurl.com/2p96trp6

71- Organisation des temps scolaires

Généralités

Qu'est-ce que la chronobiologie ? Qu'est-ce que la chrono psychologie ?	académie Lyon	« La chronobiologie est l'étude des rythmes biologiques et des variations physiologiques périodiques. Elle correspond à des périodes d'activation et de repos dont tout individu a besoin. La chronopsychologie est l'étude des rythmes des comportements et de l'activité intellectuelle : les synchroniseurs sont la famille, l'école et les partenaires prenant en charge l'enfant. » tinyurl.com/2sp4astc
Organisation du temps scolaire dans le premier degré	ÉDUSCOL	Durée de l'année scolaire / Principes d'organisation de la semaine scolaire / Projets locaux d'organisation du temps scolaire / Projets éducatifs territoriaux. » tinyurl.com/8n7tmux9
Accompagner les nouveaux rythmes scolaires pour améliorer les apprentissages	ÉDUSCOL	« Les ressources d'accompagnement du programme de l'école maternelle proposent des pistes pour optimiser les apprentissages en les proposant aux moments où la capacité d'attention des enfants est plus grande.» tinyurl.com/42bkrj99

Points de vigilance

Les théories des pics de vigilance	SNUipp FSU	« L'attention est totalement dépendante de la motivation intrinsèque des élèves, de l'intérêt qu'ils ont pour l'activité qu'ils sont en train de faire et du sens que celle-ci a pour eux. J'étais excédée de voir qu'on pouvait croire que la courbe de vigilance était la solution miracle. » tinyurl.com/yd7zj566
Les familles doivent prendre conscience de leur responsabilité quant au bien-être de leur enfant	HUFFPOST	« Les convaincre de respecter une régularité du rythme veille-sommeil des enfants, tant le week-end qu'au cours des petites vacances. Et leur dire que l'endormissement sera d'autant meilleur s'il se fait à la bonne heure et sans écran quel qu'il soit, éteint depuis une heure environ. » tinyurl.com/2p8844nj

Le concret de la classe

La triple alternance pour maintenir la disponibilité des élèves tout en évitant de cumuler de la fatigue	SNUipp FSU	« [...] faire s'alterner les séquences avec activités abstraites, rationnelles, avec des séquences mobilisant la motricité et d'autres dans lesquelles les activités proposées permettront à la créativité de s'exprimer, renforce la motivation des élèves, facteur premier du maintien de l'attention. Une telle alternance est rendue possible par l'intégration dans chaque matinée de classe de l'ensemble des matières. » tinyurl.com/yd7zj566
Pause méridienne : une cour de récréation aménagée, sans ballon	HUFFPOST	« Des jeux dessinés dans la cour dont on apprend les règles aux enfants, des paravents (faciles à construire) délimitant dans un vaste préau des zones de jeux calmes (kapla, lego, puzzles, BD), tout cela permet de faire prendre de bonnes habitudes appréciées par les enfants [...] laisser les enfants libres de "ne rien faire", rien de tel pour les aider à développer leur créativité en permettant à leur imaginaire d'être actif. » tinyurl.com/2p8844nj

Témoignages

« 4 séances de calcul mental au lieu de 5 ? 4 rituels de grammaire au lieu de 5 ? 4 séances de langage oral au lieu de 5 ? Ça se passait très bien ? Mais pour qui donc ? » **tinyurl.com/2p9wbm6x**

« J'ai perdu beaucoup en créativité pédagogique à cause de cette réforme ! Trop fatiguée le mercredi après-midi pour tenter de créer ! Et après les corrections des cahiers et les préparations pour le lendemain ... plus d'énergie ! Que dire des enseignants débutants ???? Les pauvres ! » **tinyurl.com/u46xs4us**

72- Outils de l'élève

Généralités	Les outils de l'élève à l'École primaire : rapport de l'Inspection générale		« Les outils de l'élève font ici l'objet d'une étude approfondie, assortie de recommandations destinées aux maîtres. Trois chapitres : outils collectifs de la classe / outils individuels de l'écrit / outils de liaison et le cartable. » tinyurl.com/z5mbx6pu
Points de vigilance	Trop souvent traité de façon implicite, l'usage des outils personnels doit faire l'objet d'un apprentissage		« Rechercher, s'exercer, s'entraîner / Mémoriser des connaissances / Synthétiser et structurer des savoirs, aider à d'autres apprentissages / Conserver des productions personnelles ou collectives / Conserver la trace des évaluations, mesurer ses progrès. » tinyurl.com/y2mv8bx9
Pratiques de classe	Les mémos		Le mémo fiches en éventail : tinyurl.com/5n87ef33 Le porte-mémos : tinyurl.com/yn6asr6h
	Le porte-vues		Un porte-vues évolutif pour un travail plus autonome : tinyurl.com/3y8fbyc4 / Les élèves disposent de 2 porte-vues : tinyurl.com/yukujhwf / En début d'année, le porte-vues ne contient que la fiche sommaire qui présente tous les documents prévus et leurs emplacements : tinyurl.com/5uudu83d / Porte-vues ou classeur ? tinyurl.com/yrrkthsc
	Le sous mains		Le sous-main personnalisé : tinyurl.com/bdhzdbaj 58 / Voici le mien et des liens pour mieux faire votre choix : tinyurl.com/4duhcytk / Le document se présente sous la forme de 4 pages A4 : tinyurl.com/49bath9v
	Le dictionnaire		Construire un dictionnaire en maternelle et CP : tinyurl.com/bdd5atdu / Répondre à une demande de l'élève concernant l'orthographe d'un mot : tinyurl.com/2zhr5x2e / Utiliser le dictionnaire : tinyurl.com/23aftu5y tinyurl.com/ms8ar8cf
	Les fiches méthodologiques pour l'élève		Harmoniser le contenu du classeur-outils de cycle 3 et de 6e : tinyurl.com/3c5yj25k / 12 fiches méthodos de la CNIL : tinyurl.com/3bpeanbp / Des fiches méthodos téléchargeables : tinyurl.com/2vykud9v / Ce que tu peux faire. Ce que l'on attend de toi : tinyurl.com/3me3nbeb

Forums

« Pour toutes sortes de raisons : ça donne des idées, ça inspire parfois, ça permet un regard neuf, on peut trouver de l'aide aussi quand un truc coince.... et puis on est curieux : on a bien envie de voir ce que font les collègues ! » tinyurl.com/2p3tjdy7

« Lorsque j'ai dit cela dans la conversation on me l'a fait répéter au moins 5 fois en me reposant la question "Vous avez montré les cahiers de votre fils à d'autres enseignants ?" sur un air entre agressivité et agacement. » tinyurl.com/y2xducyy

« Je suis PES cette année et dans le cadre du M2 je dois rédiger un écrit réflexif sur la correction des cahiers du jour : comment, quand, par qui, code de correction etc... » tinyurl.com/2k6fpt8v

73- Parents et École

Généralités

Parents et École ont pour mission commune de réussir l'éducation des jeunes	ÉDUSCOL	« Les parents d'élèves sont membres à part entière de la communauté éducative. Le dialogue avec les enseignants et l'ensemble des personnels permet d'assurer leurs droits d'information, d'expression, de participation. » tinyurl.com/33ts2nan
La Mallette des parents	ministère éducation nationale	« Un espace dédié aux parents et aux professionnels de l'éducation. Sur cet espace commun sont proposés des conseils, des ressources et des outils. » tinyurl.com/yvumcb66

Points de vigilance

Il y a bien une tension avec les parents d'élèves qu'il serait vain d'ignorer	académie Rennes	« 40% des directeurs d'école déclarent avoir été harcelés par des parents / 27% disent avoir été menacés / 23% avoir été insultés, au moins une fois / 56% d'entre eux affirment avoir connu des différends avec des parents. » tinyurl.com/4mpsc3rk
L'enseignant prend en compte l'intérêt général de la classe, les parents l'intérêt particulier de leur enfant		« Des malentendus émergent parfois de ces tensions : les préjugés, la peur du jugement, la méfiance, les difficultés de communication ou encore le manque de confiance par exemple. Il est important de mettre de côté ses différends pour trouver des solutions. » tinyurl.com/4mpsc3rk

Pratiques de classe

Dix conseils pour bien gérer les relations parents-enseignants	académie Grenoble	1) Vaincre les peurs réciproques 6) Se donner les moyens de réussir les réunions parents-enseignants 8) Permettre aux parents d'épauler leurs enfants tinyurl.com/4a2rmewc
Kit pédagogique : Ecole-familles - des trésors à découvrir !	FUNOC	« Tous les outils ont été expérimentés et soumis à la critique d'enseignants, d'éducateurs, de travailleurs sociaux, de parents. » tinyurl.com/mwtt5v26
Le cahier des apprentissages		« Les devoirs restent indispensables car ils constituent le lien privilégié entre l'école et les familles. » tinyurl.com/2ah35umc
Installer, conserver une bonne relation avec l'enseignant		« Ces 4 choses dont je viens de vous parler sont primordiales dans la relation avec l'enseignant, mais aussi pour le bien-être et la sérénité de votre enfant. » tinyurl.com/4vmsw37s
Les petits billets pour les parents (retard, petit bobo...)	Charivari à l'école	« C'est parfois dur de trouver 5 minutes pour écrire un mot bien tourné. Bref, je viens de créer des petits carnets à souche, qui se remplissent rapidement. » tinyurl.com/2p886urz
Pour ne pas oublier de regarder le cahier de liaison	lakanal	« À la réunion de rentrée, je leur ai dit que je mettrai une petite gommette en face des devoirs : c'est le signe qu'il faut regarder dans le cahier de liaison. » tinyurl.com/zhjarm7r
Un cahier de liaison en ligne	académie Lille	Voici un tutoriel vidéo sur la création et l'utilisation du carnet de liaison ENT ONE-NÉO tinyurl.com/38ezwk35

Forums

« Ses vêtements sont imbibés de cette odeur mais même sa peau, ses cheveux... La mère fume dans la voiture en arrivant à l'école ! » **tinyurl.com/ys93za7d**	« La directrice nous demande d'utiliser notre portable perso pour prévenir les parents lorsqu'un enfant se blesse en chutant. Son bureau (où se trouve le téléphone) est toujours fermé à clé. » **tinyurl.com/35jwhkcz**	« Une mère m'a pris en grippe dès le début, m'accuse de tous les maux de la terre et alimente le radiotrottoir sur mes prétendues exactions. » **tinyurl.com/2cfzmw7z**

74- Parole à l'école

Généralités

Pourquoi enseigner l'oral à l'école ?	« L'oral est un objet d'évaluation sociale permanent, c'est pourquoi une des missions prioritaires de l'école est de donner la possibilité à chacun de pouvoir communiquer. » tinyurl.com/97aaehmf
Quelle place pour l'oral à l'école ?	« Écouter l'enseignant et répondre simplement à ses questions n'est qu'une forme d'échanges parmi d'autres, elle ne devrait pas être la seule. » tinyurl.com/4fw2pjxh
Comment rendre l'enseignement de l'oral davantage efficace ?	« Seule la mise en œuvre de fréquentes micro-situations d'oral peut conduire les élèves à se confronter aux attendus scolaires et avoir des effets d'entrainement réels. » tinyurl.com/2rpjhn44
Sur quoi s'appuyer évaluer la progression ?	« Deux marqueurs importants : il sait écouter les autres et il intervient à bon escient. » tinyurl.com/5ftjehem

Points de vigilance

Les enfants silencieux	« Il existe des rapports de force dès l'âge le plus tendre et ce sont déjà les plus entreprenants qui l'emportent au détriment des plus réservés. » tinyurl.com/2e74sa3w p. 22
Pour que les activités d'oral profitent aux plus fragiles	« Il faut leur donner du temps, car ce qu'ils ne savent pas faire, c'est actualiser des savoirs, confronter deux réponses, construire une distance. » tinyurl.com/2rpjhn44

Pratiques de classe

Des affiches	tinyurl.com/3dxaryfc tinyurl.com/2p88pnj2 tinyurl.com/yckk384m
Petits pas pour oser parler en public	« 1- Je commence par répondre dans ma tête à la question de la maîtresse. » tinyurl.com/73x66j97
Pour une stigmatisation bienveillante	« Certains élèves ne demandent presque jamais la parole. On pourrait les aider à participer plus. » tinyurl.com/4mr7w3hb
Nous allons construire des affiches	« Ainsi, l'élève est conscient de ce que les autres vont observer, évaluer et critiquer. » tinyurl.com/mr3zstwm
3 idées concrètes pour améliorer l'oral au C3	Dynamiser les exposés / Corriger les expressions / Soutenir la mémorisation avec l'affichage. tinyurl.com/yectprsw
Les cartes des maisons du monde	« Nous travaillons l'organisation et la structuration du propos avec un lexique approprié. » tinyurl.com/ywdyams3
Des albums sans texte pour de travailler l'oral	« Il n'y a aucun écrit sur sa couverture. Les élèves peuvent donc inventer leur propre titre. » tinyurl.com/26c4svx9

Forums

| « J'ai lu le livre de P. Péroz. Et j'ai essayé, l'an dernier de mettre en place ce qu'il proposait. » tinyurl.com/43d5kr9t | « Faut-il lier le langage oral à toutes les situations de la classe ou faut-il quand même programmer des temps d'ateliers de langage oral spécifiquement ? » tinyurl.com/2jb3fpre | « Quels supports vous utilisez pour travailler le langage oral avec vos élèves ? Je pensais partir d'images, d'exposé réalisé par un élève... » tinyurl.com/4p6f6rt6 |

75- Pédagogies

Généralités	Didactique et Pédagogie : soeurs ennemies ou même combat ?		« Selon le point de vue adopté par les différents auteurs, ces rapports peuvent être d'opposition, d'égalité, de recouvrement ou de quasi-synonymie ou encore d'inclusion. » tinyurl.com/54w3zmmv
	Mini-guide pédagogique		« Trois courants, trois démarches, cinq méthodes, six types de savoirs … / Un tableau qui tente de décrire et de mettre en relation le mouvement de la société en général et le mouvement de la société éducative en particulier. » tinyurl.com/2p87vncs
	Des revues pédagogiques		Publications en série paraissant à intervalles réguliers. tinyurl.com/5ds4jk57
Pts de vigilance	La liberté pédagogique des enseignants, alibi des conservateurs		« Pour les professeurs, il s'agit davantage aujourd'hui de survivre que de profiter d'une liberté pédagogique objet de discours. » tinyurl.com/y6bf5p94
Pratiques de classe	La pédagogie Montessori		« Chacun de ces différents exercices permet que les enfants puissent apprendre seuls (en s'autocorrigeant, sans l'intervention de l'enseignant), en suivant leur propre rythme et évaluant leur progression. » tinyurl.com/3rff56ru
	La pédagogie Freinet		« Se lancer en pédagogie Freinet, ça prend du temps ! D'abord il faut beaucoup désapprendre, puis surtout il faut lâcher prise. » tinyurl.com/2p8c3ken « L'enseignant Freinet se revendique comme citoyen et militant. » tinyurl.com/7n7dh755
	La pédagogie explicite		« Comment se déroule une leçon ? » tinyurl.com/552cubtk « Comment favoriser l'implication des élèves avec l'Enseignement Explicite ? » tinyurl.com/5ye768v6 « Séances axées sur un enseignement explicite. » tinyurl.com/mum3vs2c
	La pédagogie des intelligences multiples		« Pour atteindre un but tous les élèves ne sont pas forcément obligés de suivre le même parcours. » tinyurl.com/yktav2av « Elle me permet de varier mes approches d'un sujet pour m'assurer de la meilleure appropriation. » tinyurl.com/322rdnzh
	La pédagogie de la Gestion mentale		Exemples sur les différents types d'évocations / Exemples sur le geste de compréhension tinyurl.com/2hj4heep
	La pédagogie différenciée		« Les élèves en difficulté devront atteindre le même objectif que les autres élèves. Les élèves ayant des facilités iront plus loin dans la maitrise de chaque objectif. » tinyurl.com/yck3mcf « Dans cette vidéo, je vous présente les outils que j'utilise pour faire de la différenciation en classe. » tinyurl.com/yjyzb5se
	La pédagogie inversée		« La classe inversée peut permettre de débloquer des situations, ou répondre aux besoins de certains élèves. Cependant, je ne préconise pas d'en faire l'unique manière de dispenser l'école. » tinyurl.com/3j9a878t

76- Pédagogie de la coopération

Généralités			
	Qu'est-ce que l'apprentissage coopératif ?	FRANCE STRATÉGIE	« L'apprentissage coopératif repose sur le travail en petits groupes hétérogènes. Au sein du groupe, le travail est structuré de façon à s'assurer que chaque élève participe effectivement à l'accomplissement de la tâche proposée. La coopération peut être obtenue par un encouragement à la discussion des points de vue ou bien par un partage des rôles. » tinyurl.com/mr47y6nn p.19
	L'apprentissage coopératif : pourquoi ça marche ?	OCDE	« Robert Slavin s'intéresse plus particulièrement aux études comprenant des groupes témoins soumis à une pédagogie classique. » tinyurl.com/ye28devm p. 171
	Les habiletés coopératives nécessaires	Conseil québécois de la coopération et de la mutualité	Les habiletés de réflexion / de résolution de problèmes / de gestion / de rassemblement. tinyurl.com/3h3uvk58

Points de vigilance			
	La principale dérive des pratiques coopératives non véritablement maîtrisées, c'est la division du travail		« Il y a imposé la rotation systématique des rôles et des tâches ! Voilà un élément essentiel ! C'est même la condition essentielle pour qu'une pratique coopérative puisse se dire authentiquement "pédagogique", c'est-à-dire contribuant, tout à la fois, au développement de chacun et à la solidarité entre tous. Ce n'est pas simple, mais ce n'est pas impossible et c'est terriblement formateur. » tinyurl.com/yc8ran6s
	Si un enseignant a envie de se lancer, par quoi lui conseillerais-tu de commencer ?		« Le premier conseil serait une mise en garde : la coopération, cela s'apprend et cet apprentissage prend du temps. Cela peut déclencher des réactions inattendues chez les élèves, les collègues, les parents ou la hiérarchie. » tinyurl.com/mr2rbphv

Pratiques de classe			
	3 pédagogues praticiennes expliquent ce que signifie "Coopérer à l'école"	france culture	« Isabelle Peloux développe une pédagogie qui repose sur la coopération plutôt que sur la compétition et vise à apprendre aux enfants à travailler autrement tout en respectant le programme scolaire habituel. À cette fin, elle s'inspire de trois grands courants pédagogiques. » tinyurl.com/yc6asycd
	Conseils pratiques	UNIVERSITÉ TÉLUQ	« Quelques questions à se poser avant d'entreprendre l'apprentissage coopératif ; Petit code pour l'apprentissage coopératif ; Comment commencer. » tinyurl.com/nh8whnjs
	Banque d'activités	UNIVERSITÉ LAVAL	Éducations préscolaire / primaire tinyurl.com/56f2c89b
	Un entraînement adéquat échelonné sur l'année scolaire	La classe de Lucie	Septembre : activités d'accueil et de climat; soulever les bienfaits du travail coopératif pour donner le goût aux élèves ; travailler les habiletés simples. » tinyurl.com/98tzpyhj

77- Pédagogie de la répétition

Généralités

	Quels sont les bienfaits des répétitions ?	DAILY SCIENCE	« À l'école, 25 à 50 minutes de cours empêcheraient certains élèves d'avoir les sollicitations suffisantes pour construire des débuts de traces. Seules des répétitions, avec quelques variations, permettraient la construction de traces sérieuses. » tinyurl.com/d6hypchn
	La pertinence des exercices répétés	CCDMD	« Les exercices répétés sont pertinents pour l'intégration d'automatismes et de connaissances procédurales. Ils sont pertinents afin de développer les habiletés relatives à la mémorisation. » tinyurl.com/53ctu29w
	La théorie des répétitions espacées : la courbe d'Ebbinghaus	Formation 3.0	« Lorsque nous étudions quelque chose de neuf, nous en retenons la majeure partie pendant un temps très court. Ensuite, nous oublions. Mais si nous revoyons juste au moment où nous allons oublier, nous transférons ces nouvelles connaissances dans la mémoire à long terme. » tinyurl.com/yebpcp8n

Points de vigilance

Rituels et ennui	Tous à l'école	« Un rituel, ou activité ritualisée, est un moment régulier et repéré de courte durée. Difficultés : le moment des rituels est trop répétitif donc ennuyeux. Remédiations : nécessité de le faire évoluer à chaque période. » tinyurl.com/38x42t7u

Pratiques de classe

Grâce à la répétition, cette instit' fait des miracles	Le Monde	« Elle limite les apprentissages à 20 mn par matière et n'enseigne qu'une notion à la fois, souligner son utilité et réinterroge la classe 3 fois en 2 jours. » tinyurl.com/2y349znh
Une carte mentale pour les élèves	MAÎTRE LUCAS	« Pour bien mémoriser une leçon, il faut passer par la répétition : il est possible d'utiliser la technique qui fonctionne le mieux. » tinyurl.com/2s3anm6e
Apprendre par cœur n'est pas bête, c'est même tout le contraire	académie Versailles	« Pour la mémoire lexicale, c'est l'apprentissage par cœur. Pour la mémoire sémantique, il faut varier les contextes d'apprentissage. » tinyurl.com/3f7endv6
Répétition et pédagogie Montessori	Montessori Action	Le cerveau comprend en répétant qu'il ne faut pas éliminer l'information / Le matériel Montessori permet et encourage la répétition. tinyurl.com/yck45kks
Répétition et pédagogie explicite	académie Grenoble	« Pour la mémorisation à long terme, la PEx préconise des révisions fréquentes et d'intégrer les notions apprises dans d'autres tâches. » tinyurl.com/4zcfnsza
Répétition et pédagogie Freinet	ICEM PÉDAGOGIE FREINET	« La répétition fait partie intégrante du processus d'apprentissage par tâtonnement expérimental. Cette répétition est donc naturelle et nécessaire. » tinyurl.com/29fdnd47

Forums

« Les vacances approchant, j'aimerais savoir si vous connaissez des jeux qui permettraient de réviser de façon ludique ! » tinyurl.com/5n85m43t	« Je commence un cm2 à la rentrée et j'aimerai savoir si vous faites un récap de toutes les périodes déjà vues avant d'attaquer la Révolution française ? » tinyurl.com/yc5w9kh6	« Cette année, je vais avoir un CP/CE1 et je me demande s'il faut revoir en CE1 tous les sons vus au CP. » tinyurl.com/2p8n4pu8

78- Pédagogie des intelligences multiples

Généralités	Les neurosciences ont découvert huit intelligences	Cerveau &Psycho	« Plus de 40 pages pour découvrir les travaux scientifiques qui montrent qu'il s'agit d'intelligences à part entière sur lesquelles on peut s'appuyer pour réussir. » tinyurl.com/yzzknbxb
	Nos capacités d'intelligence seraient-elles définies une fois pour toutes ?	CAHIERS PÉDAGOGIQUES	« Toute intelligence peut être développée, si on y travaille. La différence, c'est que dans certains domaines, un tout petit effort vous emmènera assez loin, tandis que dans d'autres domaines, il vous faut travailler très dur pour un petit progrès. » tinyurl.com/2s4dw49e
	Un sondage Opinionway : Les I.M. – Février 2015	apel	« Croyez-vous à l'existence de plusieurs formes d'intelligence ? Lesquelles comptent le plus pour réussir dans la vie ? Quelles formes d'intelligence sont valorisées à l'école ? Lesquelles ne sont pas prises en compte ? » tinyurl.com/2p9694zs
Points de vigilance	Individualiser au prisme des I.M.	ÉDUSCOL	« On peut adapter la théorie des I.M. à toute situation d'apprentissage et à tout contexte. » tinyurl.com/35act97v
	Quelles sont vos propres I.M. ?	WebPédago	« Cochez les cases appropriées : vous trouverez ainsi vos 4 formes d'intelligences principales. » tinyurl.com/26pny4ra
Pratiques de classe	Célébrer les forces de chacun ou de chacune	Le Centre franco	Présenter les différentes formes d'intelligences / Répondre au questionnaire portant sur les I.M. tinyurl.com/2p82y9rm p. 64
	Exemple de module I.M. : proportionnalité	APMEP AU FIL DES MATHS	« Il est indispensable de construire cette notion en tenant compte des processus de pensée de chacun. » tinyurl.com/mrxnxb9n
	"Panique sous le chapiteau"		« Ce clip raconte le prologue ou premier épisode du récit présentant Les Multibrios. » tinyurl.com/4ysuba2v
	Affiches réalisées pour la classe	Idées ASH	Pour chaque intelligence : un pictogramme et un personnage célèbre. tinyurl.com/nf22ad9x
	Un outil "précis mais rigolo" : les Octofun	OCTOFUN	Guide méthodologique / livre / jeu de cartes / livret de la classe / carnet familial. tinyurl.com/2k9jzn7c
	Ateliers Montessori, conciliés avec les I.M.	ÉCOLE PETITE SECTION	« Ateliers autonomes d'inspiration Montessori, qq jeux Montessorien et des jeux trouvés sur le net. » tinyurl.com/ye7th2dk
	Une liste d'idées à proposer à votre enfant	DOCPLAYER	« Nourrir ses différentes intelligences et cultiver celles qu'il aurait peu développées. » tinyurl.com/4mf9fata p. 30
	Un exemple de cahier de l'élève	Commission scolaire de la BEAUCE-ETCHEMIN	« Intention éducative : amener l'élève à connaître ses talents, ses qualités, ses intérêts. » tinyurl.com/2s42zbem

Forums

« Que pensent vos inspecteurs des intelligences multiples ? Avez-vous des retours là-dessus ? » tinyurl.com/vjykpkpu	« Donner le choix aux élèves de leur activité est profitable et je compte bien me servir des différentes intelligences pour proposer mes séances d'apprentissages autrement. » tinyurl.com/bdf5wsbd	« Je souhaiterais travailler en suivant les 8 intelligences (référence V. Garas) mais j'ai du mal. Je passe souvent par le verbal, l'espace, le visuel mais le reste je pêche. Je cherche des idées pas forcement pour les 8. » tinyurl.com/3d8xd2ps

79- Pédagogie différenciée

Généralités

Qu'appelle-t-on pédagogie différenciée ?	académie Grenoble	« Face à des élèves très hétérogènes, il est indispensable de mettre en œuvre une pédagogie à la fois variée, diversifiée, concertée et compréhensive, sinon le système est élitiste. » tinyurl.com/4yshdm5m
Pour que la différenciation soit positive	cnesco conseil national de l'évaluation du système scolaire	Avoir des attentes élevées pour tous / Organiser l'enseignement individualisé pour tous les élèves et non pour les seuls élèves en difficulté (...). tinyurl.com/5e5bfedc
Quand différencier ?	FORMATION PROFESSION	AVANT l'enseignement d'une notion : Tester / Réactiver / Préparer PENDANT : Soutenir / Adapter / Évaluer-formatif APRÈS : Exercer / Revoir / Évaluer-certificatif. tinyurl.com/vna2p9ff p. 75
Différencier pour ceux qui sont performants et qui souvent s'ennuient à l'école	académie Aix-Marseille	« Il ne faut pas confondre « complexité et difficulté. Plutôt que de leur proposer des activités plus difficiles, l'enseignant doit s'assurer qu'il leur propose des activités plus complexes, c'est-à-dire de activités qui font appel aux habiletés intellectuelles de haut niveau. » tinyurl.com/mr3z68r5 p. 32-34

Points de vigilance

Objections à l'idée de D.P. et réponses possibles	académie Nantes	"Ça ne profite qu'aux élèves faibles." "Ça demande un travail de préparation énorme !" "Ça va m'obliger à tout changer !" "Ça va faire baisser le niveau." "Mais on ne finira jamais le programme !" (...) tinyurl.com/3mmaw4yv
Ce que n'est pas la D.P.	TA @l'école	« Utiliser toujours les mêmes groupes ou isoler les élèves qui ont des difficultés en classe / Ne jamais organiser d'activités pour toute la classe où tous les élèves participent au même effort. » tinyurl.com/bdd6vnkr

Pratiques de classe

Dans la classe, des organisations qui favorisent la D.P.	académie Paris	Chaque fiche est présentée selon les rubriques suivantes : qu'est-ce que c'est ? / fonctionnement / avantages / vigilances / variantes éventuelles. tinyurl.com/8v8t9wj8
D.P. de l'accès à des textes	éduscol	Mise à disposition du texte avant la séance / Lecture préalable du texte par l'enseignant (…) tinyurl.com/t4cfx7bp p. 2
Des ateliers au CM2 ? La différenciation, c'est possible !	Charivari à l'école	« Je travaille en atelier différenciés le matin, ateliers de français, et l'après-midi, ateliers de maths Les ateliers durent 20 minutes, rangement compris. » tinyurl.com/56pa7rur
L'atelier échelonné	Matern'ailes	« Plusieurs niveaux de difficultés sont proposés. Les enfants les investissent non pas en fonction de leur section, mais en fonction de leurs compétences. » tinyurl.com/3cjpjpc7

Forums

| « J'aimerais votre avis sincère sur la pédagogie différenciée. » tinyurl.com/3y5r5vx7 | « Personnellement, j'y ai renoncé tenant à ma santé qu'elle soit mentale ou physique. » tinyurl.com/mu2p3v8j | « Dois-je installer des îlots ? J'ai un peu peur de ça car j'ai changé plusieurs fois la disposition de la classe car ils bavardent bcp. » tinyurl.com/5ahvwzcj |

80- Pédagogie du progrès

Généralités

Pourquoi valoriser les progrès de l'élève ?	académie Grenoble	« Ce n'est pas pour autant taire les difficultés, mais les exprimer dans une approche qui permet à la fois de rendre compte de sa propre évolution, sans assignation à l'échec par la formalisation d'un "non-acquis" » tinyurl.com/mr26n47b p.8
Principes d'action pour évaluer les acquis des élèves	éduscol	« Dans le quotidien de la classe, l'enseignant prélève des informations, des indices significatifs des progrès et des acquis attendus des élèves / À certains moments, il effectue des observations ciblées afin de mieux saisir les acquis scolaires, aussi bien les progrès réalisés que les difficultés éventuelles. / L'évaluation souligne les réussites, les progrès, petits ou grands, que l'élève a accomplis : les lui signifier explicitement, ainsi qu'à ses parents, contribue à le motiver. tinyurl.com/mv62updy

Pts de vigilance

Certains "surfent" sur leurs acquis et ne progressent plus	École branchée	« De l'autre côté, les élèves qui ont plus de difficultés se concentrent sur le fait qu'ils "ne réussissent pas", ils ne voient pas les progrès qu'ils réalisent. » tinyurl.com/ycy7cd6y

Pratiques de classe

Les "marches du progrès" en maternelle		« L'élève collera sa photo sur la marche correspondante de son cahier de progrès. » tinyurl.com/35d7nsjj
Aider à mesurer leurs avancées et le chemin restant à parcourir	Maîtresseeh	« Je colle les étiquettes à la pâte à fixe au début du tableau et au fil des séances chaque élève déplace ses étiquettes au grès de ses progrès. » tinyurl.com/yc66k594
Tableau de suivi	académie Nancy-Metz	« Ce document permet d'avoir une vision globale de tout le programme et des progrès des élèves. Il peut être validé au fur et à mesure de l'année. » tinyurl.com/y7wj5kh2
Un cahier de progrès sur le thème des super héros !	mais que fait la maîtresse	« Certaines compétences demanderont de réussir un jeu ou un exercice plusieurs fois. Une fois toutes les étoiles coloriées, les élèves pourront colorier la compétence. » tinyurl.com/yck888y9
Les ceintures de compétences en classe	Charivari à l'école	« Les erreurs, les échecs, servent à pointer les obstacles à franchir, les difficultés à surmonter. Ils sont utiles, ils servent de marchepieds vers la réussite. » tinyurl.com/yfmu459s
Le recueil des toutes les cartes d'apprentissages étudiées en classe	Bonjour Maîtresse !	« Lorsqu'il est prêt, l'enfant peut être évalué, et le résultat est noté selon le code couleur de l'échelle des savoirs. » tinyurl.com/3hjmdv66
Mon cahier de réussites et de progrès en CM1/CM2	Graines de livres	« Le code qui se réfère au cahier de réussite est dans la consigne. Ainsi les élèves savent quelle compétence ils travaillent. » tinyurl.com/6r3wcyc8

Forums

« Je suis un peu sceptique sur le cahier de progrès et je souhaitais avoir votre avis. » tinyurl.com/49awb3sf	« En fait moi j'aimerais faire un cahier de progrès différent pour chaque élève. » tinyurl.com/436uxshj	« Je suis intéressé par le carnet de progrès mais le remplissez-vous avec l'élève ? » tinyurl.com/4aw3vkfr	« Savez-vous où trouver des étiquettes avec les compétences et sous compétences illustrées ? » tinyurl.com/3p9tcjcm

81- Pédagogie du projet

Généralités

Les 10 objectifs qui peuvent être visés par une démarche de projet	TELECOM ParisTech - Une école de l'IMT	« 1. Une démarche de projet oblige à se mesurer à des défis qui ne se présentent pas dans les formes du travail scolaire ordinaire. Du coup, il devient possible d'exercer le transfert ou la mobilisation de ressources cognitives jusqu'alors travaillées séparément. » tinyurl.com/4ahdajer
Les 6 étapes de la démarche de projet	académie Amiens	1. Émergence de l'idée 2. Analyse de la situation 3. Choix d'une stratégie 4. Montage et planification du projet 5. Mise en œuvre du projet 6. Bilan tinyurl.com/4v8ah9z9
Les 4 rôles de l'enseignant au cours du projet	Erudit.org	Le guide / Le motivateur / Le médiateur / La gestion de classe tinyurl.com/mvxt347s

Pts de vigilance

L'enseignant devra penser à éviter certaines dérives	GERFLINT	« - Faire du projet une fin en soi (dérive productiviste) / - Planifier à l'excès (dérive techniciste) / - Etre totalement non directif (dérive spontanéiste). » tinyurl.com/4asnxnxt p. 80

Pratiques de classe

Rallye liens		« Nous sommes beaucoup dans la CPB à fonctionner par projet annuel. Je vous propose donc de répertorier ici tous les projets déjà faits les années précédentes ou ceux que nous avons prévu de mener à la rentrée prochaine. Cela devrait donner des idées à ceux qui n'en ont pas encore ! » tinyurl.com/5xkanjn5
Mon projet tour du monde : les pistes	Chez Val 10	« Cette année je vais travailler dans ma classe sur le thème "tour du monde à travers les 5 continents". » tinyurl.com/3kbfj6bj
Une petite présentation sous ma forme préférée : les cartes mentales	Thibou de maîtresse	Projet Tour du monde / Projet sur les émotions / Projet sur le genre policier / Projet sur les Monsieur Madame / Projet Nature tinyurl.com/3turswmx
Projets classe cycles 2 et 3		« J'ai pu, mener des projets théâtre, scientifiques, "Tour du monde" en histoire. Bonne découverte ! » tinyurl.com/4ky57pst
Guide pédagogique visé à outiller des enseignants du primaire	DISCAS	« Une correspondance scolaire à la fois pédagogique et relativement aisée à réaliser ne peut se faire que dans un contexte collectif (c'est-à-dire des élèves de votre classe vers les élèves d'une autre classe bien identifiée et dont vous connaissez le responsable), et par envoi de courriel. » tinyurl.com/3ydwvzam
Animer un projet annuel avec les Classes olympiques C1 C2 C3	FRANCE OLYMPIQUE	« Les JO peuvent être le support d'activités ludiques et variées : défi-lectures, découverte du pays d'accueil, exercices mathématiques à partir des chiffres-clés d'un événement, sensibilisation au sport santé, etc. » tinyurl.com/msmf8ktv

Forums

« À la pêche aux idées... Je ne sais encore vraiment vers quoi m'orienter l'an prochain... » tinyurl.com/bdcs92mj	« Qui a déjà rempli un dossier "projets innovants" svp ? Pour quel projet ? » tinyurl.com/25x8v8ye	« En poste fractionné en maternelle (ps/gs; tps/ms; ps/ms et cm1 pour moi), cherche désespérément des petites idées de projets de quelques jours de présence dans la classe! » tinyurl.com/59zfd2sw

82- Pédagogie explicite ou enseignement direct

Généralités	L'enseignement direct : comment ça marche ?	SH Sciences Humaines	« L'un des fondements tient dans le caractère systématique de ces différentes phases. Le but est d'alléger la charge cognitive. Il est nécessaire de focaliser les élèves sur les informations importantes et de progresser par petites étapes. » tinyurl.com/ykfe7axp
	Deux modalités pédagogiques montrent une influence élevée sur le rendement des élèves	RRA	« 1. l'enseignement explicite 2. l'enseignement réciproque. Paradoxalement, plusieurs réformes éducatives semblent privilégier des approches pédagogiques inspirées du constructivisme. » tinyurl.com/ayxdrh89
	Les 7 étapes d'une leçon explicite	académie Grenoble	1. Mise en situation ou Ouverture / 2. Présentation / 3. Pratique guidée / 4. Objectivation ou Fermeture / 5. Pratique autonome ou coopérative / 6. Révisions (hebdomadaires et mensuelles) / 7. Évaluation tinyurl.com/4zcfnsza p.22
Points de vigilance	Comme toute démarche pédagogique, la Pex a ses limites	académie Clermont-Ferrand	« La ritualisation et la répétition peuvent être ennuyeuses pour les élèves n'ayant pas de difficultés / La place accordée à la réflexion, à l'autonomie, à la prise d'initiative ou à la créativité n'est pas grande. » tinyurl.com/59c4jsnt p. 22
Pratiques de classe	Fiches de prép vierges en Pex		tinyurl.com/552cubtk tinyurl.com/mr3h2a7d
	27 séances "orthographe" en Pex	Mélimélune	« Elles sont en lien direct avec les dictées histoire de l'art. Ces séances se veulent les plus explicites possible. » tinyurl.com/bddxbdtm
	S'aider du contexte pour trouver le sens	HAL open science	« Exemple d'une leçon schématisée selon la démarche de l'enseignement explicite. » tinyurl.com/r9cvfc55 p. 9
	Fichier / manuels En Pex	Maitresseuh	« Une solution pour entrer facilement dans ce type de fonctionnement avant de pouvoir l'appliquer dans tous les domaines. » tinyurl.com/2p92ytwh
	Enseignement explicite de stratégie d'écoute	atelier.on.ca	Trouver le sens du message / Amener les élèves à dégager les mots principaux du message afin qu'ils améliorent leur compréhension du message. tinyurl.com/patz9n4h
	Organiser les réponses	La Classe de Bertaga	« Les réponses sollicitées peuvent être orales, écrites, non verbales.» tinyurl.com/5n6j46um
	Pédagogie explicite et gestion mentale	Chez Jnfu DEZÉCOLLE	« L'accent est vraiment mis sur la mise en projet. Ce geste mental peut être rapproché en fait de la présentation de l'objectif dans la Pex. » tinyurl.com/48s7tzwy

Forums	« Je n'arrive pas à me situer dans ce courant. Cette tendance remet en cause, selon moi, tout ce qui nous est enseigné lors de la formation enseignante. Quelle est la place de la recherche des élèves ? » tinyurl.com/45cfym3c	« Je viens de découvrir la pédagogie explicite. Qui peut m'expliquer la différence entre Appex et Formapex ? » tinyurl.com/y97vw78r	« Je viens de découvrir la pédagogie explicite. Qui peut m'expliquer la différence entre Appex et Formapex ? » tinyurl.com/y97vw78r

83- Pédagogie Freinet

Généralités	Comprendre la pédagogie Freinet en 10 points clés		Le tâtonnement expérimental / Un rythme d'apprentissage individualisé / L'autonomie favorisée / La coopération entre pairs / L'organisation coopérative de la classe / La place du professeur / L'expression libre tinyurl.com/29pewfv8
	Quelques outils Institut Coopératif de l'École Moderne		Le site de l'ICEM : tinyurl.com/3ecfepk2 Le catalogue des outils PEMF tinyurl.com/2p9cv7u8 Une revue : Le Nouvel Educateur tinyurl.com/yc63sp7k Lettre d'information de l'ICEM tinyurl.com/nj7krbvn
Points de vigilance	Les limites liées à la mise en pratique de la pédagogie Freinet		« L'individualisation des apprentissages risque de ne pas atteindre avec tous les enfants les objectifs finaux / Cette pédagogie nécessite un espace relativement grand pour être efficace à cent pour cent / L'autonomie des élèves et la place du maître dans la classe dérivent parfois vers le désordre ce qui peut nuire aux apprentissages. » tinyurl.com/2cumxjef
	L'enseignant Freinet se revendique comme citoyen et militant		« La part du maitre en pédagogie Freinet se construit à partir de ce que la personne de l'enseignant peut vivre et accepter de questionner d'elle-même. » tinyurl.com/7n7dh755
Pratiques de classe	Un exemple de règlement intérieur		« Il comporte des spécificités propres au fonctionnement coopératif des écoles Freinet, en cohérence avec les textes réglementaires actuels, et dans le respect de la Convention Internationale des Droits de l'Enfant. » tinyurl.com/m2ad2k6t
	L'aménagement de la cour est œuvre d'éducation		« La cour d'école doit à la fois répondre aux besoins des enfants et constituer un élément du milieu scolaire / ils doivent pouvoir être en situation d'action, de recherche, de créativité, de communication / il importe d'y favoriser la construction de règles de vie socialisantes. » tinyurl.com/chsshcpb
	Bon c'est bien beau tout ça mais l'emploi du temps alors ?		J'ai donc commencé à changer mon emploi du temps pour intégrer ces nouvelles activités. Tout le reste je l'ai laissé comme avant. C'est un peu comme un emploi du temps de transition. tinyurl.com/mpbcsc7p
	Le « Quoi d'neuf ? »		« Les autres élèves peuvent lever le doigt pour réagir, poser des questions, faire reformuler. C'est là que se jouent les compétences langagières que je veux faire émerger chez les élèves. » tinyurl.com/ykvp5vv2
	Le conseil de classe		« Nous faisons un conseil de classe, une fois par semaine, le vendredi, pendant environ 30 minutes. » tinyurl.com/3bnz4yss

Forums

« Plusieurs d'entre nous semblent intéressés par l'ouverture d'un post sur la Pédagogie Freinet... Le voici donc. » tinyurl.com/224uwtre	« Je pratique une pédagogie plutôt Freinet et j'ai peur de ne pas plaire au jury... Du coup je ne me suis jamais lancée... » tinyurl.com/2p87cpdf	« Je recherche des enseignants Freinet dans des classes de CP, et qui voudraient bien m'expliquer comment se déroule concrètement les journées ! » tinyurl.com/yc7ssv2u

84- Pédagogie inversée

Généralités

Un modèle centré sur l'élève (académie Nantes)
« - La stratégie pédagogique dite de « classe inversée » est une façon de réorganiser le temps des apprentissages :
- les parties théoriques du cours sont dispensées hors de la classe de façon numérique : capsules vidéos, lectures personnelles, visites virtuelles, baladodiffusion, jeux sérieux, etc...
- le temps de classe est dédié au travail d'équipe, aux échanges de points de vue, aux discussions, aux appropriations actives des notions abordées en amont hors de la classe et aux constructions collaboratives de savoirs, de savoir-faire et de savoir-être ensemble. Il n'est pas question de faire des devoirs, mais d'approfondir des concepts, revoir ce qui n'a pas été compris, s'exercer, développer et expérimenter. » tinyurl.com/bpaf3bt7

Pour voir ce que ça donne en pratique (CLASSE INVERSÉE)
« Comparons la journée type d'un élève sous le modèle traditionnel et inversé… » tinyurl.com/mwudfzfu

La plateforme "Les fondamentaux"
« Elle propose des films d'animation pour favoriser, de façon ludique, l'acquisition des notions fondamentales. Chaque film est accompagné de documents. » tinyurl.com/ycztfn6z

Points de vigilance

Les pièges à éviter (Prezi)
L'effet de mode / Inverser pour faire du magistral en numérique, quel intérêt pédagogique ? / Les inquiétudes liées au niveau de maîtrise technique pour l'enseignant. tinyurl.com/mr3md5hd

La fracture numérique (académie Rouen)
« Certains élèves, souvent parmi les plus défavorisés ou par choix des familles, ne possèdent ni matériel, ni connexion internet à la maison. » tinyurl.com/ytdt8p53

Pratiques de classe

Chronique d'une classe inversée au primaire (madameflip.com)
L'année zéro : La prise de conscience / L'année I : bidouillage, chronophage et recadrage / L'année II : Où l'on sort la tête du guidon… tinyurl.com/ycksxx6x

Comment déployer cette pratique ? (MAÎTRE LUCAS)
« Basé sur les outils de Maître Lucas, je vous propose la mise en place suivante. » tinyurl.com/3j9a878t

Chaque semaine, une "leçon" de français et une de maths
« Le mot leçon comme je le concevais jusqu'à maintenant ne convient plus vraiment à ce qui se passe mais je ne sais pas trop quel autre mot employer. » tinyurl.com/2pfukm4x

Séance type - Classe inversée (EDUMOOV)
« Trois temps sur trois journées : la découverte / l'appropriation / la restitution de l'apprentissage. » tinyurl.com/yt7zux5c

Exemples de séances en classe inversée (académie Rouen)
« - Une séance Ce1 "Acquisition de la phrase négative" / - Une séance CM1 "Fractions"» tinyurl.com/2t3k76rm

Forums

« Je me demande si cela est compatible avec les situations problèmes que l'on peut mettre en place au C 2. Qu'en pensez-vous ? »
tinyurl.com/y6ejsz6k

« Quelqu'un a-t-il essayé de mettre en place cette pédagogie avec des élèves en situation de handicap ? »
tinyurl.com/2n8d8vzd

« Pour ceux que ça intéresserait voici une nouvelle pédagogie venue du Québec et qui se développe dans quelques écoles pilotes en France. J'y ai consacré un article ici. » **tinyurl.com/t6erzr96**

85- Pédagogie Montessori

Généralités	C'est une manière de percevoir l'enfant comme l'acteur de sa propre construction		« L'objectif de l'éducation est alors de permettre le développement et l'expression du potentiel de chaque enfant individuellement, grâce à un environnement approprié et au respect de sa personnalité. » tinyurl.com/bdcnfsve
	10 idées reçues sur la pédagogie Montessori		« Ses principes peuvent être mal compris, mal interprétés. Et, au final, on entend beaucoup de fausses informations sur ce courant de pensée. » tinyurl.com/yw4zw4vh
	Se lancer en Montessori		« Sept conseils pour mettre en place une classe Montessori à la rentrée. » tinyurl.com/34szabrh
	Rôles de l'enseignant		En amont / Pendant les ateliers "semi-guidés" / À la suite des ateliers. tinyurl.com/knz9chwc
Points de vigilance	Certains aspects de la culture Montessori peuvent poser problème		« L'éducation Montessori est chère donc non accessible à tous / Le programme peut être un peu léger et facilement créer des lacunes / L'indépendance n'est pas tout / La structure ouverte peut être intimidante pour certains. » tinyurl.com/mrymp689
Pratiques de classe	Un exemple de déroulement d'une journée		« Pas de récréation ni le matin ni l'après-midi parce que d'après Maria Montessori, c'est en laissant l'enfant travailler sur une grande plage horaire (2h30-3h) que va se renforcer la concentration. » tinyurl.com/wc6kcchx
	Ateliers d'inspiration Montessori en grande section de maternelle		« Ce sont avant tout des compétences transversales qui sont mises en œuvre (autonomie, initiative, concentration, auto-évaluation). C'est aussi la place de l'enseignant qui est questionnée et explicitée dans les documents d'accompagnement. » tinyurl.com/28a8dxu4
	Ateliers Montessori PS MS GS		« Chacun de ces exercices permet que les enfants puissent apprendre seuls (en s'autocorrigeant, sans l'intervention de l'enseignant), en suivant leur propre rythme et évaluant leur progression. » tinyurl.com/3rff56ru
	Ma petite organisation perso pour le suivi des élèves		« - Mon bujo dans lequel je pointe toutes les présentations et les ateliers que les élèves maîtrisent / - Les cahiers de travail des élèves dans lesquels je colle chaque soir les photos des présentations de la journée. » tinyurl.com/45ewfsuf
	Initiation à la grammaire avec mes élèves de CP		« Avec cette même envie de toujours faire manipuler au maximum les élèves, j'utilise un coffret de symboles grammaticaux Montessori. » tinyurl.com/msm3s99s

Forums

« Je voulais avoir votre avis sur les temps récréatifs (une récréation) dans une journée. Est-ce qu'il faut les mettre en place ? » tinyurl.com/bdfd3whr

« La pédagogie Montessori tue-t-elle la créativité ? » tinyurl.com/5yurr8xr

« Mon fils a bientôt 4 ans. Il n'y a pas un matin où il a envie d'y aller. Cette école applique Montessori à la lettre avec 2 x 2h30 de travail par jour. Pas de jouet que du travail. » tinyurl.com/2p9hd76d

86- Pédagogie par objectifs

Généralités

L'intérêt d'un objectif		« L'objectif permet de définir les connaissances à acquérir qu'il s'agisse de savoir ou de savoir faire, en terme de comportement observable des élèves. » tinyurl.com/3an88jjm p.7
Les quatre principes de l'analyse par objectifs		« Les objectifs doivent être fixés de façon claire, non équivoque et définitive, dans l'esprit de l'enseignant et de l'élève / Ils doivent décrire une activité identifiable par un comportement observable / La PPO doit énoncer les conditions dans lesquelles le comportement attendu doit se manifester / La PPO doit indiquer les critères de réussite, dans le cadre du "contrat" qui lie l'enseignant et l'élève. » tinyurl.com/mrxvhzva
3 types d'objectifs		Général / Intermédiaire / Spécifique tinyurl.com/3an88jjm p.9
Les objectifs du travail proposé aux élèves sont systématiquement explicités avec eux		« Ces malentendus entre ce qu'il s'agit de faire et ce qu'il s'agit réellement d'apprendre sont quotidiens, répétitifs. Invisibles et accumulés, ils entraînent de graves difficultés scolaires. » tinyurl.com/3v46tscf

Points de vigilance

Cinq critiques fondamentales		« Première critique : une entrée "étroite" par les objectifs peut rétrécir les apprentissages à une adaptation utilitaire des apprenants aux tâches qui leur sont assignées. » tinyurl.com/mryw3xz7 p. 177
Quelle différence entre objectif et compétence ?		« Qu'importe ce flou si l'important est de porter son attention sur l'élève et non uniquement sur le contenu d'enseignement. C'est la syntaxe qui manifeste cette attention par la formule où l'élève est sujet : l'élève est capable de. » tinyurl.com/yc5keznc

Pratiques de classe

Un court module interactif		« Accéder à du contenu sur les objectifs d'apprentissage et de mettre en pratique vos connaissances. » tinyurl.com/vuahucju
Comment utiliser la taxonomie de Bloom en classe ?		« Elle classe les objectifs d'apprentissage du domaine cognitif en six niveaux allant du plus simple au plus complexe : connaissance / compréhension / application / analyse / synthèse / évaluation. » tinyurl.com/pabetrsn
Définir des objectifs pédagogiques cohérents		« Il existe deux outils simples et géniaux qui, combinés, peuvent vous aider à réaliser cette étape les doigts dans le nez. » tinyurl.com/4bkp3wjs
Objectifs-cibles et feuille de progrès		« La feuille de progrès vise, par ses étapes en escaliers, à signifier à l'élève ses progrès même petits, lui permettant d'atteindre l'objectif visé. L'élève est alors incité à écrire, colorier les étapes déjà franchies. » tinyurl.com/yr6jks9z

Forums

« J'ai un gros problème avec les objectifs et les compétences : j'ai du mal à faire la distinction entre les deux. Je deviens dingue ! Mettez-vous les deux ? » tinyurl.com/455kn6ax	« Je me demande quel intitulé utiliser maintenant que les programmes ont changé : -Objectif ? -Être capable de ? Faut-il traduire ça par le terme de COMPETENCE ou de CAPACITE ? -Attitudes : doivent-elles figurer sur les preps ? Je ne peux pas avancer dans mes preps à cause de ce problème ! » tinyurl.com/29f893xw

87- Pédagogies efficaces

Généralités	Le Projet Follow Through	UNESCO	« C'est donc dire que pour 5 des 6 modèles mettant de l'avant une approche pédagogique centrée sur l'élève, les résultats ont été nettement plus faibles que ceux obtenus avec un enseignement typiquement traditionnel. » tinyurl.com/3tx77n95 p.13
	Que mesure-t-on et comment le mesure-t-on ?	FRANCE STRATÉGIE	« Une évaluation rigoureuse nécessite d'avoir pour chaque élève deux prises d'information : un "pré-test", réalisé en début d'année ou avant la mise en pratique de la méthode que l'on cherche à évaluer, et un "post-test", réalisé en fin d'année ou après une certaine durée d'exposition de l'élève à cette méthode. Les évaluations les plus élaborées vont chercher à estimer dans quelle mesure les progrès constatés sont durables. » tinyurl.com/mr47y6nn p.9
	Les pratiques pédagogiques sont efficaces lorsque...	ifé	« ... l'enseignant commence par passer en revue les prérequis, met en relation la matière du jour avec les apprentissages antérieurs et aborde ensuite, par petites étapes, la nouvelle matière. Il alterne courtes présentations et questions. Après la présentation, le maître organise des exercices dirigés, jusqu'à ce que tous les élèves aient été contrôlés et aient reçu un feed-back. Viennent ensuite les exercices individuels que l'on poursuit jusqu'à la maitrise autonome du nouvel apprentissage par l'élève ». tinyurl.com/mwp9yr57 p.5
Pts de vigilance	L'enseignant	DOCPLAYER	« L'effet de l'enseignant devance ainsi celui de la famille qui ne vient qu'au quatrième rang. Par ailleurs, les deux facteurs qui se situent en tête de liste sont la gestion de classe et les processus métacognitifs. » tinyurl.com/ycxe2sbd p.14
Pratiques de classe	Enseignants peu efficaces	académie Toulouse	« Les enseignants peu efficaces ont des attentes pédagogiques faibles et portent un regard négatif sur les niveaux des élèves et leurs capacités d'apprentissage. Ainsi, les élèves faibles font l'objet d'un traitement différentiel : les enseignants attendent moins longtemps les réponses quand ils les interrogent, les critiquent plus souvent, les félicitent moins, interagissent moins avec eux et leur posent des questions plus simples. » tinyurl.com/22rsem7v
	Enseignant efficace	SH SCIENCES HUMAINES	« Il est plus efficace s'il est convaincu que ses élèves peuvent progresser. Les pratiques pédagogiques sont également déterminantes : l'enseignant est plus efficace s'il structure, explicite, expose et guide. Les interactions maître-élèves suscitées constituent enfin un réel levier, en maintenant les élèves engagés dans la tâche et en créant une atmosphère de travail paisible. » tinyurl.com/bdh5b4ez
	L'enseignant efficace voit que ses élèves sont de plus en plus capables d'utiliser leurs acquis sans qu'on les leur en prie	Bienvenue chez les P'tits !	« Dans le cas contraire, il abandonnera progressivement les outils inefficaces pour en adopter d'autres, peut-être moins "tendance" mais aussi peut-être plus à même de provoquer le transfert chez les enfants. Il se plongera dans d'autres manuels, d'autres progressions, d'autres façons de faire. » tinyurl.com/yc4a2ycs
Forums			« Bonjour, avez-vous déjà pris conscience du projet Follow Through. Il montrerait notamment que la méthode "découvre par toi-même" ne serait pas efficace. Et que la méthode classique serait la plus efficace. Autant vous dire que cela a été un coup de massue pour moi. » tinyurl.com/btnyhazs

88- Programme Personnalisé de Réussite Éducative

Généralités

L'enseignant met en œuvre le PPRE...	IH2EF	« ... en mettant en place outils et stratégies soit au sein : - de la classe / - de la famille / soit en faisant appel au maître E ou à des intervenants extérieurs. » tinyurl.com/5x7y88bt
Objectifs du PPRE	ÉDUSCOL	« Il doit : - identifier les besoins grâce à un diagnostic / - fixer des objectifs précis en nombre réduit / - se fonder sur des compétences déjà acquises / - être défini sur une période relativement courte / - prévoir les modalités d'évaluation des progrès réalisés. » tinyurl.com/5n7dskzv
Quelques préalables à la mise en place du PPRE	académie Paris	Le PPRE doit - être préalablement discuté avec les parents de l'élève / - contenir des propositions concrètes avec des objectifs simples clairement définis. » tinyurl.com/3fm9n7rt

Points de vigilance

Les difficultés de mise en œuvre	académie Paris	« Le ciblage des élèves / Le ciblage des difficultés sur lesquelles on va travailler / Les difficultés dues au nombre d'élèves susceptibles de bénéficier d'un PPRE / La formalisation difficile ressentie comme un travail en plus. » tinyurl.com/bdf27y5h
Des remédiations qui se révèlent être de fausses pistes	académie Reims	« L'individualisation fusionnelle / La simplification excessive / Un excès de guidage et d'accompagnement des tâches / La déscolarisation des tâches. » tinyurl.com/hy5m39r9 D10

Pratiques de classe

Outil pour repérer les difficultés des élèves	académie Dijon	Comportements / Sens des apprentissages / Méthodes / Langue orale / Langue écrite / Maths tinyurl.com/yckurm4f
Liste des difficultés d'un élève pouvant relever d'un PPRE	académie Reims	Ordre culturel / Traitement de l'écrit / Compréhension des textes / Méthodologie / Compétences réflexives sur la langue. tinyurl.com/hy5m39r9
Un exemple de document de formalisation	Ma classe au soleil	« Voici le PPRE utilisé par une copine, approuvé par "the big boss" et relooké par moi-même. Simple et efficace ! » tinyurl.com/384d68nd
Pour rédiger le PPRE	académie Nancy-Metz	Compétences prioritaires (GS-CM2) tinyurl.com/cdjr2jf8
PPRE rédigés	académie Rouen	Exemples de PS à CE2 tinyurl.com/2p8em8xf
Le classeur de suivi		Pourquoi mettre en place ce classeur ? tinyurl.com/e45c64ya
La "cible des objectifs"		Pas de progrès / Progrès / Réussite. tinyurl.com/4juapay7

Forums

« Que faire si les parents refusent de signer le PPRE ? j'entends par-là s'il y a désaccord non sur les termes mais sur le principe même. » **tinyurl.com/hn874juw**

« Le père est d'accord mais nous ne savons pas quoi mettre dans ce PPRE. Quels objectifs ? Lire mieux, certes mais comment ? vu que personne n'a réussi à le faire progresser les 5 années précédentes. » **tinyurl.com/ycxw275r**

« Je ne mène pas d'action spéciale en classe donc je ne vois pas comment remplir ce fichu papier ! Et surtout, à quoi il sert ? Comment faites-vous dans ces cas-là ? » **tinyurl.com/476bh2hv**

89- Premiers secours

Généralités	Connaître les gestes qui sauvent	ASSURANCE PRÉVENTION – Les assureurs se mobilisent	Dépliant tinyurl.com/wwr23tbe
	À partir de quel âge un enfant peut-il apprendre les gestes de premiers secours ?	l'Essentiel par Macif	« Plus cette sensibilisation a lieu tôt, plus la mise en place de réflexes se fait de façon instinctive. Sachez néanmoins que des initiations sont accessibles aux enfants dès l'âge de 3 ans. » tinyurl.com/4r3w4hzp
	Apprendre à porter secours	ÉDUSCOL	Tableau général des compétences à acquérir par les élèves à l'école primaire tinyurl.com/2s3jmn22
Pts de vigilance	Comment préparer la gestion des soins lors d'une sortie scolaire ?	L'ASL	« La trousse de secours, la fiche de renseignement et, au besoin, un personnel formé aux premiers secours doivent faire partie du voyage. » tinyurl.com/3ckv6huv
Pratiques de classe	Outils	académie Limoges	Fiches pédagogiques nationales / L'apprenti magicien Riskou / Le club des supers-héros / Dessins animés / Célestin, les accidents de la vie courante. / Albums. tinyurl.com/ewp7xv36
	Apprendre à porter secours du C1 au C3	académie Versailles	« Nous avons eu la volonté de mettre en place ce fichier d'aide à la mise en place d'un module APS. » tinyurl.com/yurhkczs
	4 séances CM1-CM2	EDUMOOV	Reconnaître une situation d'urgence. Connaître les règles de base pour porter secours. tinyurl.com/5yzzm2s6
	Un exemple de support écrit d'évaluation	mon école	Être capable : - de se protéger d'une situation dangereuse pour soi et pour les autres / - d'analyser une situation pour alerter, pour agir / - de donner une alerte efficace au service adapté / - de décrire une situation et l'état d'une personne / - de mettre en oeuvre des gestes de premiers secours. tinyurl.com/mw3fuv4r
	Livre-outil	Le Smartsitting	tinyurl.com/bdcrnzmp
	Vocabulaire	académie Bordeaux	Apprendre à porter secours tinyurl.com/49tep7jm
	Évaluation des acquisitions des élèves (savoirs et compétences)	académies Caen Rouen	« On effectuera au moins un bilan dans la dernière année du cycle et on indiquera si l'évaluation a été effectuée en situation formelle (entretien, questionnaire ou une présentation écrite et/ou imagée...) ou en situation de simulation (voire réelle). » tinyurl.com/bcah72ff

Forums

« Je sais qu'il faut aper+aps en plus du socle commun et du b2i, mais qui valide les compétences de l'aps et l'aper ? Une signature du directeur suffit-elle ? Faut-il forcément faire intervenir les gendarmes ou autres pour la sécurité routière ? » tinyurl.com/5n6vdh5h

« Commencer par quoi sachant que rien n'a été fait avant et que le document de suivi Aps n'a jamais été rempli ? » tinyurl.com/vc6upmzw

« J'aimerais recueillir vos témoignages concernant cet enseignement. » tinyurl.com/3brnufub

90- Rallyes-liens

<table>
<tr><td rowspan="3">Généralités</td><td>Qu'est-ce qu'un rallye-liens ?</td><td>« Une façon très sympathique de partager des idées sur un même thème et de découvrir les blogs d'autres Profs Blogueurs. » tinyurl.com/mrxum9fv</td></tr>
<tr><td>Qui sont les P.B. ?</td><td>« En 2011, plus de 60 profs du primaire, créateurs d'un blog de partage de ressources sur Eklablog, ont fondé une sorte de club. Pourquoi ? Pour rien, juste parce qu'ils se croisaient sur le net, et avaient fini par créer des liens qu'ils ont eu envie de sceller pour de bon. » tinyurl.com/4x9k4ue5</td></tr>
<tr><td>Quoi faire pour participer ?</td><td>« 1- Vous écrivez un article qui sera publié sur votre blog 2- Vous prenez mon bouton rallye-liens que vous ajoutez à l'intérieur de votre article. 3- Vous me prévenez que vous avez publié un article. 4- À la fin du rallye-liens, je m'engage à publier une liste de tous les articles créés et de vous la partager avec un immense plaisir. » tinyurl.com/3jyr5566v</td></tr>
<tr><td rowspan="8">Quelques exemples à consulter</td><td></td><td>« C'est un thème idéal pour faire vivre un projet pluridisciplinaire en octobre- novembre. Voici une compilation d'articles rédigés par les P.B. » tinyurl.com/rbpmc84z</td></tr>
<tr><td> </td><td>« Je vous propose ici un rallye-liens pour centraliser toutes les bonnes idées de chacun pour rendre ce 100ème jour particulier, intéressant et pourquoi pas inoubliable pour nos élèves... » tinyurl.com/4try8w7m</td></tr>
<tr><td> </td><td>« J'ai donc demandé à mes cybercollègues si elles souhaitaient participer à ce rallye-liens au sujet de la gestion des conflits et du climat de classe. » tinyurl.com/56yv6ny5</td></tr>
<tr><td> </td><td>« À partir de cet article, j'ai créé une carte mentale qui me permet d'y voir plus clair et de synthétiser les idées. Elle peut apporter des pistes, faire mûrir des réflexions, ouvrir des échanges. » tinyurl.com/5n6npd5e</td></tr>
<tr><td> </td><td>« Afin de garder la bonne humeur jusqu'au bout et travailler en s'amusant : je vous propose un rallye-liens qui regroupera plein d'activités plus ou moins longues pour finir les jours sans trop de préparation. » tinyurl.com/mv437mkf</td></tr>
<tr><td> </td><td>« Mettre en place des ateliers dans sa classe, c'est vraiment tentant... Mais comment gérer le bruit des élèves lors de ces temps qui peuvent malheureusement être pris pour un temps de récré par les élèves ?» tinyurl.com/2s4zd9kn</td></tr>
<tr><td> </td><td>« Ce sont des moments importants et rassurants pour les élèves. Je vous propose de rassembler ici les différentes pratiques qui existent chez les P.B. ! » tinyurl.com/3k75vr96</td></tr>
<tr><td> </td><td>« Il y a surement de nombreuses idées, trucs et astuces qui fourmillent sur nos blogs. Sans compter les ressources prêtes ou simplement à adapter que certains proposent déjà. » tinyurl.com/mhdpstmy</td></tr>
</table>

Forums		
« On présenterait notre école, notre commune puis notre région avec ses spécificités culinaires, géographiques et historiques. » tinyurl.com/bdfz8n67	« Un post "Rallye lecture Lire c'est partir" a été mis en place : les ressources mises en ligne sont formidables, le travail abattu énorme et de qualité. » tinyurl.com/yf4x5mx7	« Un rallye "une date, un lieu et un personnage historiques" pour aborder de manière ludique notre nébuleux programme. » tinyurl.com/39yee3c4

91- Récréation

Généralités

	La récréation, qu'est-ce que c'est ?	académie Montpellier	« C'est un temps qui permet aux élèves de reconstituer leur attention et leur capacité de travail. Un temps de construction de l'identité de l'enfant par le biais des interactions entre pairs et des règles sociales. » tinyurl.com/2xarx6xv
	RECRÉE TA COUR !	GOODPLANET.be	« Des points d'attention à garder à l'esprit lorsqu'une communauté scolaire entre en réflexion au sujet de la qualité de sa cour de récré. » tinyurl.com/276uvf3n
	Le football a-t-il sa place dans la cour ?	Kyban	« Dans notre école, le football est interdit car il est aussi un sport qui s'apprend en dehors de l'école, avec des codes très différents de ceux de l'école. » tinyurl.com/uv6waeed

Points de vigilance

	Jeux dangereux et pratiques violentes	ministère éducation nationale	« Un guide destiné à servir de support pour les formations mises en place dans les académies. » tinyurl.com/3296mf9r
	Il n'existe pas de pédagogie de la récréation	académie Dijon	« ...pourtant, les élèves passent plus de 2h / semaine dans la cour, sans compter le temps périscolaire. » tinyurl.com/2p86umnf

Pratiques de classe

	Et si on essayait...	académie Bordeaux	Recherches pour un projet d'école tinyurl.com/2ptknwe9
	La cour de récréation tricolore	ECOLE LION	Espace 1 : « Ici, tu peux courir avec un ballon. » Espace 2 : « Ici, tu peux courir sans ballon. » Espace 3 : « Ici, tu ne peux pas courir. » tinyurl.com/34wdpsk2
	Jeux qui permettent la distanciation physique	usep	« Privilégier des activités non dirigées limitant l'interaction entre les élèves. » tinyurl.com/2k2cewph
	Fiche pédagogique	CANOPÉ	Max se fait insulter à la récré tinyurl.com/evys5zxp
	Ex de recueils de jeux de cour	École branchée / Il était une fois l'école	tinyurl.com/yck9u263 tinyurl.com/2p99a3zn
	Aménager la cour	ICEM FREINET	Selon la pédagogie Freinet tinyurl.com/chsshcpb
	Ex de règlement	académie Grenoble	Mes droits / Mes devoirs tinyurl.com/5fkbt6fs
	Un document-élèves modifiable pour écrire des règles de jeux	Kyban	« Ils devront mener des recherches sur des jeux, discuter au sujet des règles pour les rédiger ensuite. Bref, c'est un petit espace de liberté et de coopération. » tinyurl.com/uv6waeed

Forums

« Est-ce que dans vos cours vous proposez des jeux aux élèves ? » **tinyurl.com/4mjeaeyv**

« Sortez-vous les enfants en récréation lorsqu'il pleut ? » **tinyurl.com/mr43uca2**

« Une mère voulait intervenir dans la cour de récréation car elle aurait vu sa fille se faire gifler. » **tinyurl.com/25jpntn4**

« Les PS sont réveillés à 15h30. Du coup, pas de récré, car pas le temps (sortie 16h20). Est-ce obligatoire ou le temps de sieste justifie l'absence de récré ? » **tinyurl.com/y676m7rn**

92- Redoublement

Généralités

Passage, redoublement ou saut de classe	Service-Public.fr	« En maternelle, le redoublement est impossible. En élémentaire, il doit être exceptionnel. » tinyurl.com/4tcwwfmh
La résistance de cette pratique du redoublement	le cnam Cnesco	« Elle a fortement régressé ces dix dernières années sans que soit mise en place, dans tous les établissements, une organisation scolaire permettant d'offrir aux équipes pédagogiques des alternatives crédibles. » tinyurl.com/47nj5w9u
Causes et déterminants du redoublement scolaire	hep	« Trois catégories : les causes individuelles, les causes environnementales et les causes structurelles et pédagogiques. » tinyurl.com/yc7ub3vr P.7
Que savent et que pensent les enfants du redoublement ?	HAL open science	« La peur du redoublement n'est pas partagée par tous les enfants. Pourquoi fait-on redoubler ? Les réactions imaginées des enfants. » tinyurl.com/yc7nzh26 p. 345
Les enseignants qui y croient et ceux qui n'y croient pas	CAIRN.INFO	« Dans quelle mesure les enseignants qui croient et ceux qui ne croient pas ou plus au redoublement se distinguent par leurs conceptions psychopédagogiques. » tinyurl.com/3my2ueyr

Points de vigilance

Pour bonifier le redoublement, des conditions semblent nécessaires	académie Rouen	« Les parents doivent l'aider à comprendre et ne surtout pas le faire culpabiliser / Être vigilant sur l'intégration sociale pour limiter les impacts psychologiques néfastes / En faire un tuteur. Il a souvent des acquis suffisants pour jouer ce rôle, à minima dans certaines disciplines. » tinyurl.com/4fpzrmv8
Il faut surtout que le redoublement arrive à temps	Contrepoints	« Si un élève a raté son CP, il y a peu de chances qu'il apprenne à lire grâce à un passage en CE1 automatique, parce que les instituteurs ont beaucoup trop de choses à faire dans cette classe pour pouvoir rectifier l'apprentissage de la lecture. » tinyurl.com/3hzjtbpa

En pratique

Les parents ont un rôle primordial	rfi	« Valoriser ses progrès, surtout en début d'année, pour lui redonner confiance. » tinyurl.com/4bf4864k
Vous êtes absolument convaincus que la commission se trompe	Charivari à l'école	« Vous pouvez très bien maintenir la proposition de redoublement. Évidemment, si les parents sont contre cette idée, c'est du temps perdu. » tinyurl.com/5acpmyz8
Élève redoublant : aidez-le à bien réagir !	magic maman	« 5 conseils pour l'aider à surmonter l'épreuve du redoublement » tinyurl.com/4kajcwtk
7 formes de travail à développer au quotidien dans la classe	académie Dijon	Le groupe détaché / - L'aide des pairs / − Les groupes de besoins / - Les groupes hétérogènes / - Les ateliers / L'individualisation immédiate / - Le plan de travail. tinyurl.com/58s8ewf3

Forums

« Pensez-vous qu'il s'agit d'une étape nécessaire pour éviter à l'élève des difficultés ultérieures dans sa scolarité ou considérez-vous au contraire que cela risque de le démotiver et de lui faire perdre une année pour rien ? » tinyurl.com/35a4vdvz	« Redoublement inutile : comment le dire ??? Comment dire que je n'y crois pas (ni le conseil des maîtres d'ailleurs), comment ne pas tromper les parents sur les réelles compétences de leur enfant ? » tinyurl.com/2s4j7amh

93- Relaxation Méditation

Généralités

La relaxation à l'école c'est...		« - connaître son corps, ses ressources, ses besoins : éducation à la santé / − travailler son schéma corporel / − vivre ensemble entre élèves, les élèves et le maître. » tinyurl.com/bdv5e47e
Pourquoi faire de la méditation en classe ?	académie Lille	« L'objectif visé est la diminution de l'agitation psychique et émotionnelle afin de favoriser l'attention, l'écoute et l'apprentissage, donc d'améliorer les performances scolaires. » tinyurl.com/yc8yrc88
Les effets de la méditation pleine conscience à l'école	Méditation & Médecine	« Durant 8 semaines, des élèves en classe de maternelle jusqu'au CM2 ont bénéficié de la méthode d'Eline Snel "Calme et attentif comme une grenouille !" tinyurl.com/4pn63p24

Points de vigilance

Pourquoi la méditation à l'école divise	ouest france	« La FCPE, la FSU et l'Unsa dénoncent cette méthode, promue par un lobby américain ésotérique, qui peut aboutir à un conditionnement avec perte d'esprit critique et assujettissement de l'individu ». tinyurl.com/4tasd2we
Le ministre de l'Education a tranché : la méditation n'a pas sa place à l'école	Tilékol	« On parle d'une pratique dangereuse pour la santé mentale. À première vue, ces affirmations paraissent tellement saugrenues que je me suis un peu penché sur le sujet. Faisons un petit point ensemble sur la question… » tinyurl.com/yjfatk6d

Pratiques de classe

Méditations gratuites pour enfants	Cabinet Psy-enfant	« Voici une liste assez subjective des meilleures ressources disponibles gratuitement sur internet. » tinyurl.com/26evbxrx
Relaxation et yoga pour se détendre à l'école		« Un classeur "relaxation" dans lequel se trouve mes fiches ainsi que les fiches de yoga Pomme d'Api. » tinyurl.com/ennv2vjw
Séances de Yoga en Maternelle	YOGA	Module d'apprentissage de 10 à 12 semaines / Séances de 30 à 45 minutes. tinyurl.com/4dyu7fpx
16 séances de 10 mn	EDUMOOV	À faire en début de cours tinyurl.com/5n6emavc
Les 3 phases d'une séance entre 20 et 30 minutes		« 1) La phase préparatoire 2) La phase active 3) La phase passive. La notion de plaisir doit primer. » tinyurl.com/y4ua8u9h
2 ouvrages de relaxation / méditation	Lutin Bazar	« J'ai pu mettre rapidement en place des petites séances de relaxation / méditation grâce aux ouvrages que je m'apprête à vous présenter. » tinyurl.com/89695txh
Nous avons construit deux questionnaires	HAL open science	« Le but a été de mesurer l'évolution de l'état des élèves, en comparant leur niveau de bien-être avant et après la mise en place des séances. » tinyurl.com/yfk37vch p.39 Ann1 Ann 2

Forums

« Dans l'école où j'étais, nous faisions de la cohérence cardiaque le matin. J'imposais juste de ne pas déranger les autres. Puis ensuite, ils l'ont tous fait, le réclamaient quand j'oubliais et j'ai vraiment vu les effets. » tinyurl.com/5dst39tn	« Le retour l'après-midi est très difficile avec un élève très dur notamment car troubles du comportement. Je suis plutôt démunie, fatiguée et je cherche des solutions pour que ma journée me semble moins longue car je culpabilise en plus... » tinyurl.com/4vc4mtcf

94- Rituels et transitions

Généralités	Les caractéristiques d'un rituel quelles que soient les différences apparentes et les variables didactiques	RETZ ÉDITIONS	« La grande régularité d'un fonctionnement / la répétitivité des gestes, des paroles, des codes mis en place / l'identité formelle des situations dont les enjeux ne varient pas et qui constituent des repères sûrs, même si les contenus évoluent / des contraintes claires respectées par tous. » tinyurl.com/39kzc4dn
	Quand le rituel est installé, il devient contractuel	Tous à l'école	« Pour certains élèves en difficulté, c'est bien l'aspect répétitif de l'activité qui leur permet progressivement d'entrer dans le contrat. » tinyurl.com/38x42t7u
	À éviter… / Plutôt…	académie Poitiers	Le passage d'une activité à une autre tinyurl.com/mtzmyj3h

Points de vigilance	Les rituels sont choisis en fonction du type de transition	hep	« Avant d'obtenir les résultats escomptés, il faut prendre le temps de familiariser les élèves avec les différents rituels. » tinyurl.com/3pwptwvw p.5
	Les rituels devenus routines sont à revoir	académie Rouen	« Tous les jours des rituels à la même heure, à long terme, cela devient du conditionnement opérant. » tinyurl.com/2x74v7bb

Pratiques de classe	Gare au rappel à l'ordre si on les oublie !		« Je vous propose de rassembler ici les différentes pratiques qui existent chez les profs blogueurs ! » tinyurl.com/3k75vr96
	Des rituels qui évoluent (MS-GS)	maicresse gourou	« Un joli tableau fait par mes soins pour planifier un peu l'évolution des rituels... » tinyurl.com/556dpp9m
	Les brain breaks	La classe de barnedubois	« Des petits rituels rigolos. » tinyurl.com/2p9dycfb
	Six bonnes raisons d'en user et d'en abuser	Mélim'lune	« Tous les rituels que je compte mettre en place en 2018-2019 dans ma classe de CE2. » tinyurl.com/pptuykdx
	Le cahier rituel		« Un travail autour du jour. » tinyurl.com/5n879nzu
	Un rituel qui évolue en trois étapes		« Un élève énumère les activités prévues pour la journée. Le maître note au tableau. » tinyurl.com/5n7vkcat
	Un "sas" qui permet de devenir élève	Bla-bla… cycle 3	« J'ai compris qu'enseigner c'était prendre le temps, en particulier avec les élèves en difficulté. » tinyurl.com/bdf7hym4
	En CE2 pour une bonne culture générale	Monsieur Mathieu / Apprendre en jouant!	« Merveilles du monde / Personnages célèbres / Expressions / Proverbes et citations » tinyurl.com/mvkr7ma4
	L'affichage en classe		« Avant chaque travail, les élèves sont invités à dire de quelles affiches ils auront besoin et pourquoi. » tinyurl.com/mrkfkn6f
	Un jour, une œuvre	La classe de Mallory	96 fiches œuvres d'art pour l'année tinyurl.com/mrymkk9m
	Pendant des années, j'ai "culpabilisé"	univers classe	« Aujourd'hui, je ne reviendrais en arrière pour rien au monde. » tinyurl.com/3mpxjxkn

Forums	« J'aimerais savoir comment vous gérez les transitions entre 2 séances, car chez moi c'est le souk, et je voudrais que ça change ! Ce temps perdu m'agace énormément, je ne sais pas quoi faire. Des idées ?» **tinyurl.com/5x2by8mu**

95- Séances / Séquences

Généralités

Quelle est la différence entre une séquence et une séance ?	Pass-education.fr	« Une séquence (aussi appelée séquence d'apprentissages) est composée de plusieurs séances. Généralement, une séquence concerne une notion. Le découpage en plusieurs séances permet de développer la notion petit à petit. » tinyurl.com/rxkt7ezn
Les questions à se poser pour préparer une séquence d'apprentissage	académie Versailles	« Quelles connaissances (prérequis) doivent avoir les élèves pour aborder le thème ? Quels savoirs et/ou savoir-faire nouveaux vont être abordés ? Quelles sont les différentes situations d'apprentissage que je vais proposer pour atteindre les objectifs fixés ? Qu'est ce qui leur sera demandé lors des évaluations ? » tinyurl.com/mrx9226t

Pts de vigilance

Quelles différences entre objectif et compétence ?	CAHIERS PÉDAGOGIQUES	« Premier conseil : se passer du terme d'objectif / Deuxième conseil : partir des compétences et non des activités, en les organisant par séquences / Troisième conseil : traduire les compétences pour les élèves » tinyurl.com/yc5keznc

Pratiques de classe

Ex de fiches de séquences vierges	Maîtresse JÉRO Belin: ÉDUCATION	tinyurl.com/yhmt569r tinyurl.com/47ytt62j tinyurl.com/yxk245m2 tinyurl.com/39zft92w tinyurl.com/59u2bxjz
Ex de fiches de séances vierges	fiches de prep / Vie de maîtresse	tinyurl.com/5ffecydf tinyurl.com/yckruc2z tinyurl.com/4hf3pd63 tinyurl.com/2p9fzmz8
Ex de séquence en 5 séances : How old are you? CP-CE1	primlangues	« Cette séquence pédagogique a pour objectif de créer dans l'album de classe une page personnalisée pour l'anniversaire de chacun des élèves. » tinyurl.com/yw74assy
Ex de séquence en 7 à 8 séances : Acrogym C3	académie Nancy-Metz	1. Annonce 2. Échauffement 3. Apprentissage 4. Mise en commun 5. Application 6. Clôture tinyurl.com/2ac7672a
Ex de séquence en 8 séances : S'informer et communiquer sur les réseaux sociaux	académie Grenoble	« Donner des clés aux élèves pour faire la différence entre info et intox sur le web, c'est l'enjeu d'une séquence d'éducation aux médias, que Rose-Marie Farinella a conçu et expérimenté dans une classe de CM2 l'an dernier. » tinyurl.com/3pftkma3
Ex de séquence en 11 séances (histoire Ce2)	Ma classe à Moâ (GS/CP)	S1 : la corde du temps S2 : le travail des archéologues S3 : les premiers hommes S4 : la vie des hommes de la préhistoire S5 : la maîtrise du feu S6 : l'art de la préhistoire S7 : la découverte de l'agriculture S8 : la vie sédentaire S9 : menhirs et dolmens S10 : la fin de la préhistoire S11 : Évaluation tinyurl.com/5n7y9ctf
Ex de séquence en 12 séances (volley ball)	académie Toulouse	Entrer dans l'activité / Voir où on en est / Progresser / Réinvestir / Grille d'évaluation tinyurl.com/3tn9htbk

Forums

« J'ai besoin de votre aide concernant la lecture compréhension. » tinyurl.com/yckfaeyx	« Question qui peut servir à tout le monde... Comment préparez-vous vos séquences ? » tinyurl.com/3kpf2bh6	« La problématique de ma séquence est " Quelles sont les règles alimentaires à respecter pour rester en bonne santé ? " » tinyurl.com/yt5enuer

96- Soin et présentation

Généralités

La copie : comment organiser un apprentissage méthodique	académie Nantes	« Il y a les copies fonctionnelles : les critères sont des critères d'efficacité par rapport à l'objectif poursuivi. Il y a la copie pour avoir tous les gestes indispensables pour parvenir à une aisance et à une lisibilité. » tinyurl.com/ntv2tfv2
Quatre critères d'évaluation de la copie	EDUSCOL	Compétence "Copier ou transcrire, dans une écriture lisible, un texte d'une dizaine de lignes" tinyurl.com/4p9kfdrp

Points de vigilance

La part de responsabilité du maître	Ressources Pédagogiques	« Les consignes et règles sont connues et rappelées / Une fiche de présentation a été fournie / L'élève a réellement le temps de travailler sans précipitation / L'exigence de rigueur est régulière et pas seulement ponctuelle. » tinyurl.com/48pne93x
Quels points de vigilance concernant l'écriture cursive ?	EDUSCOL	« La tenue du crayon / le tracé des lettres (le ductus des lettres est-il respecté ?) / la liaison entre les lettres / la hauteur des lettres / la tenue de la ligne. » tinyurl.com/36nmmkyr

Pratiques de classe

Ex de fiches d'aide à la présentation		Maximiser les infos ? tinyurl.com/37h8xjcy tinyurl.com/3ethcbhf tinyurl.com/2vykud9v tinyurl.com/49d2897t tinyurl.com/2p9fzrp2 Modérer les infos ? tinyurl.com/2p92w5n7 tinyurl.com/2p8yk3d3 Moduler les infos ? tinyurl.com/bdeuvef8 tinyurl.com/tf3xzsuj
Ex de billets de soin		tinyurl.com/yt53j4ht tinyurl.com/ecv9seyv tinyurl.com/2p8vxkpu
Ex de bons privilèges		« Piocher dans la boîte des privilèges. » tinyurl.com/y47eyzck
La gym des doigts	Zoubette	« Les petits exercices proposés sur ce site permettent de muscler et d'assouplir les doigts. Je vois déjà les résultats pour certains élèves. Et en plus, ils adoooorent! » tinyurl.com/2h9byxhc
Copie et dessine	La classe de Sanléane	« Voici des phrases que tu devras recopier sur ton cahier. Tu devras respecter la hauteur des lettres et la présentation. A la fin tu feras l'illustration. » tinyurl.com/4rexumpf
La copie "marchée" au CE1	Il était une fois... La classe d'Eugeni	« Pour cela ils doivent se lever. Chaque fois ils déposent un jeton dans la boîte. Lorsqu'ils n'ont plus de jetons, ils ne peuvent plus se lever. » tinyurl.com/m4f4a3cz
Rallyes copie C2 C3	Bout de Gomme	« Ils ont 10 points au départ. Je suis assez dure pour la notation : la première fiche est en général catastrophique, puis ils s'améliorent. » tinyurl.com/2p8k6yrv tinyurl.com/2p8jsr5r
Mon approche	Kyban	Les habituer puis les responsabiliser / Permettre de constater les progrès / Les récompenser » tinyurl.com/4ksk98tu

Forums

« Bref, je râle et je râle surtout qu'ils "ont su " faire !!! Je pense qu'il y a un gros manque de concentration et d'envie de bien faire. » tinyurl.com/2p9ejpn4	« Pour pallier au problème des graffitis partout, la maitresse lui a collé une feuille blanche sur son sous-main pour qu'il puisse dessiner » tinyurl.com/2c5ts48h	« Le temps de s'appliquer. C'est peut-être pour ça qu'il fait des trucs sales, pas le temps de faire mieux. Ça me rassure un peu, moi je me disais qu'il s'en foutait ! » tinyurl.com/zxjj6s6r

97- Stigmatisation

Généralités

Stigmatisation, discrimination, étiquetage	Santé publique France	« La stigmatisation discrédite un individu / La discrimination se réfère à la loi / L'étiquetage social attribue une image négative à un groupe par le reste des acteurs. » tinyurl.com/pc8rpe2x
Stigmatisation et discrimination à l'école	Éducation nationale	« 3.1. Le handicap 3.2. Le sexisme 3.3. L'orientation sexuelle 3.4. Le racisme. » tinyurl.com/22asuah2
La stigmatisation existe comme une question de degré	Université Paris 8	« La connexion entre les étiquettes et les attributs indésirables, le degré de séparation en groupes "nous" et "eux", la mesure de la perte de statut peuvent varier. » tinyurl.com/4kvp782b p.22

Points de vigilance

Pourquoi des élèves stigmatisés réussissent moins bien	francetv info	« L'attention donnée aux élèves supposés meilleurs est en grande partie responsable d'une augmentation de leur motivation. » tinyurl.com/4c576ya9
La véritable stigmatisation, c'est de laisser les élèves décrocher en silence…		« "Donner plus et mieux à ceux qui ont moins". Mais cela sera d'autant plus réalisable que l'on aura utilisé les deux derniers mois de cette année scolaire, non à faire un semblant d'école à tout le monde, mais à travailler avec ceux et celles qui n'ont pas trouvé leur panoplie de bon élève. » tinyurl.com/43vesvrt
Qu'est-ce que l'autostigmatisation ?		« Elle se produit lorsque vous commencez à croire en ces opinions négatives à votre sujet. » tinyurl.com/5n88vfmm
Les stratégies d'auto-protection	StuDocu	1- L'auto-complaisance 2- L'auto-handicap 3- Choisir des comparaisons favorables à soi 4- la valorisation de l'échec 5- le désengagement psychologique tinyurl.com/yc8mbm7v

Pratiques de classe

Comment aider sans stigmatiser ?	sitEcoles	1) Susciter des relations positives au sein de la classe 2) Organiser l'aide personnalisée sans stigmatiser 3) Construire une relation positive avec les familles tinyurl.com/5xzdcpvu
Sortir d'une situation de stigmatisation	FAPEO	La sortie par l'humour / Grâce à une tierce personne tinyurl.com/2nzyaffx
L'oral en classe : Pour une "stigmatisation bienveillante"		1) Établir un diagnostic avec chaque élève 2) Proposer des aides pour progresser 3) Offrir un temps réservé, bienveillant, pour faciliter la prise de risques. tinyurl.com/3jzpx75h
Ce que vous pouvez faire pour lutter contre la stigmatisation	GIVE	« Prenez un moment pour vérifier le langage utilisé à propos de vos élèves et apporter les ajustements nécessaires. » tinyurl.com/47ndp5d8
Emma n'aime pas les moqueries	pirouette	Des activités de sensibilisation et de prévention pour prévenir la stigmatisation liée à l'apparence physique et au poids chez les enfants. tinyurl.com/4bbbjx4f

Forums

« Des élèves ont tendance à se moquer d'un autre qui pose des questions et tente de répondre aux miennes, bref qui s'intéresse au cours… Si je prends sa défense, je crains d'accentuer encore sa stigmatisation et je ne peux pas ne pas réagir. » tinyurl.com/5n6szscm	« Je sais qu'il n'y a pas de fumée sans feu, mais je vois bien que les réactions de certaines personnes ne font que stigmatiser mon fils davantage et il se conforte dans son rôle de victime, qu'il est certes parfois mais pas toujours non plus… » tinyurl.com/2p8jntz5

98- Tableau noir

Généralités	Pourquoi un tableau ?		Informatif / Constructif par l'analyse collective / Aide à la compréhension / Aide au travail individuel tinyurl.com/2src36ry
	Comment utiliser le tableau pour être efficace ?	hep	« Qui doit écrire ? Quelle partie d'une leçon écrire au TN ? Quelles routines utiliser ? Quel lien entre le TN et d'autres supports ? » tinyurl.com/23s476z7
	Un outil de référence pour l'élève		Une organisation spatiale réfléchie / Corrigé et lisible par tous les élèves, même au fond de la classe tinyurl.com/2src36ry
	Modèles d'organisation de la classe / tableau vs bureau	slideshare	« Voici quelques modèles d'organisation de la classe pour varier votre utilisation pédagogique du TNI / TBI. Les modèles sont inspirés de régimes politiques ! » tinyurl.com/yck4exma
Points de vigilance	TICE, TBI… De l'illusion du changement		« Il n'y pas de différences fondamentales entre les pratiques au tableau noir et les pratiques au TBI. Parfois même, le TBI est pénalisant par rapport à l'utilisation bien conduite du vieux procédé La Martinière » tinyurl.com/c5dyvuju
	Dilemme : craie ou feutre ?	terraeco	« J'utilise un tableau blanc et je suis sceptique. ▶ Lisibilité quelconque. ▶ Reflets gênants. ▶ Feutres très odorants avec une durée de vie assez courte et je me sens mal à l'aise chaque fois que j'en jette un dans la poubelle. » tinyurl.com/mzy5z56u
Pratiques de classe	Comment nettoyer un tableau noir	wikiHow	« Il est très facile d'avoir un tableau net, que ce soit avec des produits naturels ou chimiques. » tinyurl.com/44rreymx
	Quelques conseils simples, mais qui sont loin d'être naturels		« Jouer avec des couleurs signifiantes. / Plutôt que du texte linéaire, visualiser graphiquement l'information pour toucher à la fois mémoires auditive et visuelle. » tinyurl.com/4c6zhbkp
	Cours multiples		Principes pour préparer son tableau tinyurl.com/una3dsrm p.4
	Astuce pour aimanter les affichages		« Une autre astuce pour aimanter des affichages sur le tableau à moindre frais. » tinyurl.com/2pzwv7t9
	J'aimais bien mon tableau noir, dommage qu'il n'ait pas été magnétique …	Mitsouko à l'école	« À l'heure du TBI, moi, je vais enfin avoir un bon vieux tableau, mais magnétique ! Par chance, ma classe a été aussi dotée d'un vidéo-projecteur. Cela m'ouvre de nouvelles possibilités pédagogiques que j'ai hâte de tester. » tinyurl.com/25k4zn8k
	Voici un petit aperçu de ma classe	Crapouilleries	« La partie droite de mon tableau est réservée au calendrier et aux rituels … » tinyurl.com/4ckfph5s
	Le mémo-consignes		« Chaque matin, un enfant est chargé tout au long de la journée de retrouver et d'afficher au tableau l'étiquette consigne correspondant au travail en cours. » tinyurl.com/mrkfkn6f

Forums

« On va m'enlever mon tableau classique et m'installer à la place le TNI. Et vous, avez-vous gardé un tableau classique ?» tinyurl.com/4azmdc44

« J'ai une belle écriture sur support horizontal, mais dès que je dois écrire au tableau, c'est une cata. En plus, j'ai du mal à atteindre le haut du tableau. » tinyurl.com/f6yzrbw2

99- Transfert des apprentissages

Généralités

Comment définir le « transfert » ?	académie Orléans-Tours	« Capacité à mobiliser, dans d'autres contextes, des outils (connaissances, processus cognitifs) dont le caractère opératoire ne s'applique encore qu'à un champ limité. Il s'agit de recontextualiser dans une "tâche cible" ce qui a été appris dans une "tâche source". » tinyurl.com/yc5wejbx
Quelles différences entre application, généralisation et transfert ?	CAHIERS PEDAGOGIQUES	« Une nouvelle connaissance est réutilisée dans un contexte identique à celui de son acquisition ; il s'agit là d'une application. Lorsque vous tenez compte des ressemblances entre deux situations pour transférer un apprentissage, vous généralisez. Et si vous appliquez une solution connue à une situation jamais rencontrée, vous transférez alors !» tinyurl.com/6nhs2wnu
Pour que le savoir ne reste pas prisonnier du contexte d'apprentissage	LIÈGE université	Métacognition - Décontextualisation - Repérage des structures de la situation - Repérage des analogies avec d'autres situations - Recontextualisation des procédures. tinyurl.com/288au373

Points de vigilance

Trois paramètres évaluent la qualité d'un apprentissage	Erudit.org	« L'acquisition, la rétention et le transfert des apprentissages. Le transfert se trouve subordonné à l'existence de ces deux autres paramètres. » tinyurl.com/3cnyv4d7
Transfert et maître spécialisé (G ou E)	instit90	« Si le maître spé. cherche à répondre à des besoins singuliers identifiés, il doit néanmoins assurer le transfert des compétences travaillées, du groupe d'aide vers la classe pour ne pas pénaliser un élève qui sort plusieurs fois par semaine de son espace naturel de travail. » tinyurl.com/mus9ub29

Pour la classe

Un contexte pédagogique est efficace...	hep	« ...si les élèves sont conscients que le transfert constitue l'enjeu principal et que les apprentissages seront recontextualisés à de multiples reprises". » tinyurl.com/2sj92t35 p.38
Comment l'enseignant peut-il aider ses élèves à mieux transférer ?	AQEP	« "Qu'avez-vous appris aujourd'hui ? Quand cela pourrait-il être utile ? Dans quel contexte pourrait-on s'en resservir ?" serait une bonne manière d'y parvenir. » tinyurl.com/2yhstyxm p.49
En classe on travaille et à la maison on utilise		« Un enseignant en début d'année distribue aux parents une liste des activités quotidiennes qu'ils peuvent faire avec leurs enfants pour utiliser ce qu'il a appris en classe. » tinyurl.com/yc84z9vw
Phases pour permettre le transfert de jeux en APC	sitecoles	« Présentation des objectifs du jeu / Favoriser la verbalisation / Passage à l'écrit avec une situation ressemblant au jeu / Décontextualisation, l'écrit ne ressemble plus au jeu, mais la compétence est reconnue. » tinyurl.com/mpdhhzz9
Les situations d'évaluation peuvent se situer à 2 niveaux	slideshare a Scribd company	« Réitération (Premier niveau de maîtrise des compétences visées) / Transfert (Mobilisation d'une compétence dans des situations inédites.) » tinyurl.com/mr3wfhf7

100- Voix de l'enseignant

Généralités	La voix, comment ça marche ?	mgen	« Poumons, larynx, cordes vocales et cavité de résonance nous permettent de produire un son. Les poumons envoient de l'air vers le larynx, la pression de cet air fait vibrer les cordes vocales qui produisent un son. » tinyurl.com/382c3yez
	La dysphonie : quand la voix fait défaut	Centre Mosaïque de Québec Clinique d'orthophonie	« Certaines personnes sont plus à risque de souffrir de dysphonie fonctionnelle car leur voix est fortement sollicitée pour des raisons professionnelles. » tinyurl.com/bdhwvmf9
	La voix, ses troubles chez les enseignants	académie Toulouse	« Les enseignants s'expriment dans un environnement bruyant, souvent mal insonorisé, plusieurs heures par jour. Un trouble de la voix peut retentir à la fois sur le mental, le physique, l'émotionnel et ainsi avoir un impact sur la vie professionnelle et sociale. » tinyurl.com/2rzwvjm6
Pts de vigilance	Votre voix : un outil précieux	CHU de Toulouse	« Afin de prévenir et de détecter des problèmes de voix, nous vous invitons à remplir le questionnaire. » tinyurl.com/2p8kthnt
Pratiques de classe	Quel type d'enseignant êtes-vous ?	inrp	« "L'enseignant-marathonien" de la voix peut utiliser une voix forcée 6 heures par jour sans avoir recours aux solutions pédagogiques ni aux déplacements. / "L'enseignant-forçat" utilise sa puissance vocale pour rendre sa voix audible, au dépend de l'utilisation de la richesse de sa fourniture harmonique. / "L'enseignant-stratège" peut manier des poses de voix différentes. » tinyurl.com/ymkzhrzd p.4
	Cerner, analyser les différents usages de la voix	CANOPÉ	« Demandons-nous si elle doit être la même pour chacun d'entre eux, ou s'il est bon de la moduler. Enfin, je vais m'apercevoir que je parle souvent trop, et que mon silence est nécessaire et pédagogiquement utile ! » tinyurl.com/yeb4m975 p. 177
	4 vidéos conseils pour les jeunes profs	être PROF	1- Utiliser sa voix dans sa classe / 2- prendre la parole en classe / 3- Prendre soin de sa voix en tant qu'enseignant / 4- Prévenir l'aphonie dans mon métier enseignant tinyurl.com/4z262wr9
	Influence du chant choral sur la voix parlée	UNIVERSITÉ DE LORRAINE	« Nous avons donc choisi cinq domaines de la voix chantée pour voir s'ils ont une influence, bonne ou mauvaise, sur la voix parlée. » tinyurl.com/3uysv65t p. 46
	Suite à une aphonie, un bilan vocal chez un ORL	chloécole	« D'abord, il a fallu que j'accepte de travailler sur ma voix, que j'accepte que ma voix n'allait pas bien. Notre voix c'est nous, notre voix c'est notre personnalité alors travailler dessus ce n'est pas facile. » tinyurl.com/esjhnuke

Forums

« Je ne l'ai jamais mesurée mais du coup c'est très grand. Je dois donc porter énormément ma voix quand je veux parler au groupe réparti un peu partout. » **tinyurl.com/2p9fn6vk**

« Je cumule les laryngites. Je viens de voir mon généraliste qui s'inquiète et qui m'a parlé de voir un spécialiste pour "apprendre" à moduler sa voix. » **tinyurl.com/3yxbmdy2**

« J'essaie de crier le moins possible car j'ai une petite voix. Cependant ma voix se fatigue rapidement. » **tinyurl.com/yckjxavc**

Annexe 1
Mais qu'est-ce qu'un Geste professionnel à l'École primaire ?

On pourrait définir le Geste professionnel comme l'ensemble des savoirs qui se greffent autour d'une pratique de classe. Mais sans doute cette définition en fait-elle un objet suffisamment flou pour qu'on l'accommode à toutes les sauces...

Concernant "ma sauce à moi", je dirais que c'est d'abord et avant tout un <u>ensemble de réussites</u> imaginées, testées, évaluées et analysées par des praticiens sur le terrain. Ces réussites ne prétendent ni à être des garanties infaillibles (cela va marcher à tous les coups), ni des obligations (il n'y a que cela qui marche).

Et les Professeurs des Écoles n'attendent pas des "ça marche à tous les coups", ils savent déjà très bien que toute relation au sein de la classe est à chaque fois unique entre un enfant, un enseignant et une pédagogie. Mais ils comprennent mal que ce malentendu soit le motif de faire table rase d'un savoir professionnel qui ne demande pourtant qu'à être partagé.

Si donc un Geste professionnel est d'abord et avant tout l'ensemble des réussites, on ne pourra évacuer les tâtonnements, les échecs et les fondements théoriques qu'il est utile de connaître pour mieux en comprendre les causes. L'âme du projet 100 Gestes professionnels consiste à rendre explicites et structurés ces ensembles particuliers à chaque Geste professionnel...

L'âme du projet 100 Gestes Professionnels consiste à rendre explicites et structurés ces ensembles particuliers à chaque Geste Professionnel afin qu'ils soient non seulement connus des enseignants en exercice mais aussi abordés en formation initiale.

Annexe 2
Personne ne devrait entrer en formation sans l'aide d'un Répertoire des Gestes professionnels explicite et structuré.

Priorité devrait être donnée à la gestion de classe avant que de se former aux contenus et didactiques disciplinaires. Une pédagogie explicite, structurée et centrée à chaque fois sur un Geste professionnel serait mise en place : introduction par un cours de type transmissif puis engagement des stagiaires dans un processus sociocognitif en réalisant collectivement une carte mentale dont l'intérêt serait multiple : structurer un savoir encore frais / mettre en forme pour pouvoir plus tard revenir facilement à ces savoirs.

1) Absentéisme scolaire
2) Accueil du matin
3) Affectivité à l'école
4) Affichage en classe
5) Aménager sa classe
6) APC
7) ATSEM
8) Attention de l'élève
9) Autonomie de l'élève
10) Autorité dans la classe
11) BCD
12) Bibliothèque de classe
13) Bienveillance
14) Brouillon(s)
15) Burnout
16) Cahiers de l'élève
17) Cahier-journal
18) Calme en classe
19) Cartes mentales
20) Climat scolaire
21) Co-intervention
22) Comparaisons internationales
23) Comportement de l'élève
24) Confiance en soi
25) Conseil d'élèves
26) Conseils à l'école
27) Consignes
28) Correction par l'élève
29) Correction par l'enseignant
30) Cours multiples
31) Cycles
32) Débuter
33) Décrochage scolaire
34) Délestage
35) Déplacement des élèves
36) Devoirs et leçons
37) Discipline-sanctions
38) Discussion à visée philosophique
39) Élèves à haut potentiel
40) Élèves allophones
41) Élèves en situation de handicap
42) Élèves lents
43) Emplois du temps
44) Enfants de familles itinérantes
45) Ennui à l'école
46) Enseignant
47) Ergonomie scolaire
48) Erreur en pédagogie
49) Estime de soi
50) Évaluer
51) Exercices et exerciseurs
52) Fiches de prep'
53) Fournitures scolaires
54) Gauchers
55) Harcèlement
56) Humour
57) Hygiène et santé
58) Innover
59) Inspection
60) Interroger les élèves
61) Jeu et apprentissage
62) Mémoriser
63) Métacognition
64) Méthodes pour apprendre
65) Métiers de l'élève
66) Motivation scolaire
67) Mutualiser
68) Neurosciences et pédagogie
69) Numérique à l'école
70) Observation de classe
71) Organisation des temps scolaires
72) Outils de l'élève
73) Parents
74) Parole à l'école
75) Pédagogies
76) Pédagogie de la coopération
77) Pédagogie de la répétition
78) Péda des intelligences multiples
79) Pédagogie différenciée
80) Pédagogie du progrès
81) Pédagogie du projet
82) Pédagogie explicite
83) Pédagogie Freinet
84) Pédagogie inversée
85) Pédagogie Montessori
86) Pédagogie par objectifs
87) Pédagogies efficaces
88) PPRE
89) Premiers secours
90) Rallyes-liens
91) Récréation
92) Redoublement
93) Relaxation Méditation
94) Rituels et transitions
95) Séances / Séquences
96) Soin et présentation
97) Stigmatisation
98) Tableau noir
99) Transfert des apprentissages
100) Voix de l'enseignant

Exemple de répertoire des Gestes professionnels transversaux à l'École primaire proposé sur mon site tinyurl.com/4d6nkr68

Exemple de structuration possible d'une carte mentale réalisée sur le logiciel SimpleMind Pro
tinyurl.com/54c8nr8v

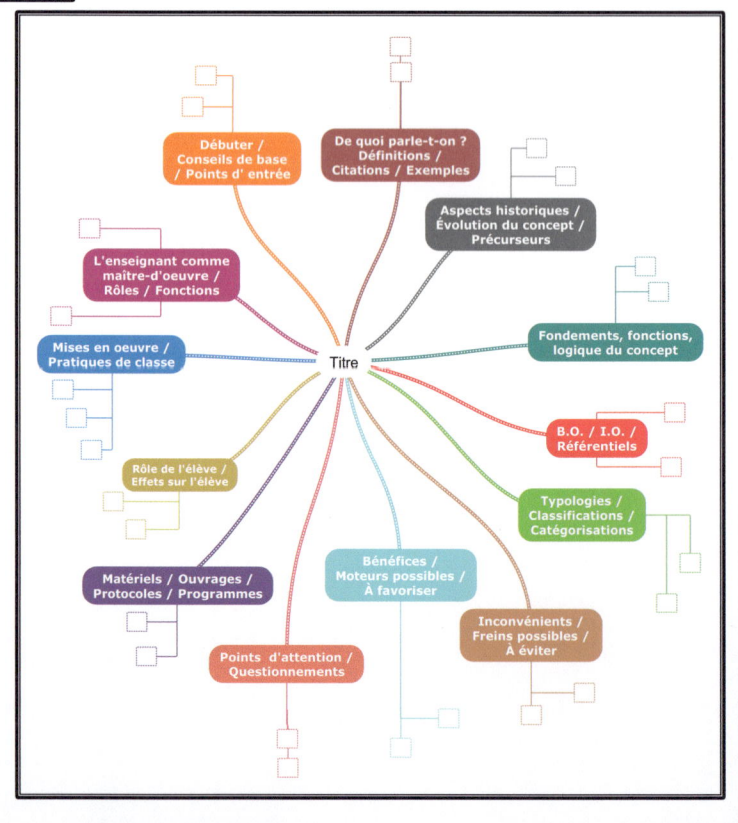

Annexe 3
La formation initiale des enseignants du Primaire : une maltraitance pédagogique institutionnalisée ?

Pourquoi les gestes professionnels propres à l'École primaire ne se transmettent-ils pas en formation initiale ?
En préambule, affirmons **haut et fort** :

- qu'un Capital des Gestes professionnels dans le Primaire existe bel et bien, qu'il s'est construit sur le terrain par les tentatives, échecs et réussites des enseignants faces aux problèmes qui se sont posés dans la gestion de leurs classes ;
- que ce Capital incontestablement est bien trop vaste et complexe pour espérer se transmettre par des médiums aussi aléatoires que l'observation ou même que la prise en main d'une classe dans un contexte bien cadré ;
- que ce Capital pourtant n'attend qu'à être partagé, comme le font déjà de nombreux blogueurs d'expérience qui offrent en mutualisation leurs savoirs d'actions et leurs réflexions.

Ce préambule posé, "Les recettes ça n'existe pas" ou "C'est sur le terrain qu'on apprend le métier" ne se révèlent qu'affirmations péremptoires, posées par des formateurs qui se voient donner des "pistes de réflexion", à l'enseignant ensuite de concevoir la mise en œuvre sur le terrain... même si cela lui demande de recréer ce qui cent fois a déjà été créé avant lui... même si cela lui demande de passer ensuite par les mêmes erreurs que d'autres avant lui... et même si cela lui demande un temps et une énergie considérables, surtout en début de carrière.

Il semble donc incontournable d'identifier et de rendre explicites les Gestes professionnels spécifiques à l'École primaire afin de mieux les transmettre au Professeur des Écoles en formation initiale. Car l'art pédagogique peut se cultiver autrement que par le tâtonnement de l'expérimentation personnelle de chaque enseignant.

"Qui peut le plus peut le moins" ou comment entériner une formation déconnectée du terrain comme efficiente pour le futur professionnel :

- on martèle aux jeunes enseignants des pédagogies de laboratoire qui sont présentées comme des réponses aux problèmes des enfants (échec scolaire, démotivation, faiblesse de l'estime de soi, handicaps sociaux, etc.) ;
- les enseignants sont faits de ce bois qu'ils consentent bien volontiers à beaucoup de sacrifices pour venir en aide à tous les enfants qui leur sont confiés ;
- mais fraîchement reçus au concours, ils n'ont pas la distance qu'ont construite leurs aînés coutumiers depuis longtemps des revirements et de l'irréalisme de leur Institution ; en découlent pour nombre de néo-enseignants un sentiment d'incompétence (malgré toute l'énergie que j'y mets, je n'y arrive pas …) et même de honte (comment être fier de mon travail puisque je trahis mon éthique...).

Annexe 4
Les recettes ne sont toxiques que si elles sont comprises comme des garanties infaillibles ou des obligations...

En formation, les enseignants demandent très souvent s'il existe des manuels, des activités, des démarches qui sont efficaces et qui fonctionnent bien avec les enfants. Ils se heurtent malheureusement trop souvent de la part des formateurs à un discours culpabilisateur, voire méprisant envers ces enseignants qui rechercheraient des "recettes" alors que « les recettes ça n'existe pas ! ».

Alors revenons donc au sens premier du mot *recette* : « Moyen, procédé pour réussir quelque chose » (Dictionnaire Hachette). Rien de condamnable... bien au contraire, comme le défend Christophe ANDRE[1] : « J'utilise volontairement le mot "recette", si souvent dénigré en psychologie. Une recette est un ensemble de conseils destinés à nous permettre d'atteindre un objectif ...   ... Voyons-les simplement comme une manière d'organiser nos efforts, pour nous rapprocher autant que possible d'un but recherché. **Cette perception dépend davantage de la manière dont elles ont été délivrées que de leur contenu propre.** »

Témoignage d'un professionnel expérimenté : « Je suis instit. J'enseigne avec des élèves de cycle 3, depuis plus de vingt ans, successivement dans différentes écoles. En début de carrière, j'ai eu l'impression d'être très isolé. Heureusement, j'ai pu échanger avec différents collègues, et puis je me suis mis à utiliser la toile. J'ai donc cherché des "recettes" (et j'en cherche d'ailleurs encore !), j'en ai trouvé, j'en ai essayé et adapté certaines. Ces "recettes" ne remplacent pas les projets motivants pour les élèves (et l'enseignant), elles en sont simplement des contrepoints et des compléments... ». tinyurl.com/5n7d57k2

Oui pour les recettes en pédagogie et d'une façon respectueuse des enseignants comme le défend Françoise PICOT[2] lorsqu'elle présente sur son blog un ouvrage pédagogique *Arts plat du jour* : « Des recettes, dans cet ouvrage "Arts plat du jour" des éditions Accès ? Peut-être. En tout cas, une foule de propositions d'activités qui rendent la pratique des arts visuels facile. Et cela tout le monde en a besoin. Recettes sûrement, au début, car les maîtres appliqueront ce qui est proposé, mais plus par la suite, car ils intègreront la démarche, s'approprieront les activités et seront alors à même d'en créer d'autres... »

Car les recettes ça existe, Anne-Marie CHARTIER[3] en propose une : « *Tous les normaliens à qui j'ai présenté l'exercice l'ont utilisé car il est tellement gratifiant qu'il se passe d'argumentaire théorique :*
- *On écrit le texte au tableau*
- *On le lit collectivement*
- *Un enfant le relit à voix haute. Au fur et à mesure, le maître efface des mots en les remplaçant par un trait de la longueur du mot.*
- *On procède ainsi jusqu'à ce que le texte ne soit plus qu'une suite de traits où ne subsistent que quelques articles ou pronoms relatifs épars.*
- *À la fin, toute la classe lit/dit/récite en chœur le texte entier.* [4] »

---

[1] ANDRE, Christophe .- *Vivre heureux, psychologie du bonheur* .- Odile Jacob, 2003 .- p 243-244. tinyurl.com/tzfh33sa
[2] Françoise Picot a été inspectrice, auteure de nombreux ouvrages pédagogiques tinyurl.com/yzwr6yde
[3] Chercheur à l'INRP, historienne de l'éducation tinyurl.com/mupuh9m5
[4] in <u>Aider à mémoriser</u> .- Cahiers pédagogiques N° 474 .- juin 2009 .- p 21-23.

Annexe 5
Exploiter de façon systématique les forums d'enseignants

Ces forums portent des témoignages authentiques des difficultés rencontrées sur le terrain : à ce titre, ils peuvent constituer un excellent outil de formation, en se gardant de porter un quelconque jugement sur les contributeurs.

- https://forums-enseignants-du-primaire.com
- https://ecolesprimaires.fr/site/forums-enseignants/
- https://maternelle.clicforum.com/index.php
- https://www.neoprofs.org/c12-enseignement-primaire
- https://crpe.forumactif.com
- http://www.ecolepetitesection.com/isa-aide-moi.html
- etc.

Il s'agit ici d'inverser la proposition "Vous allez apprendre le métier à partir de ce qu'il est possible de faire" par une autre proposition, bien plus respectueuse des enseignants "Vous allez apprendre à connaitre et à faire face aux difficultés qui pourront se présenter à vous." Une pédagogie active à mettre en place pourrait inviter les enseignants stagiaires à les explorer concernant le thème étudié et à mettre ensuite en commun les points d'intérêt et questionnements qu'ils y ont trouvés.

Annexe 6
240 blogs d'enseignants explorés pour ce dossier

À cartable ouvert   http://a-cartable-ouvert.eklablog.fr
À l'école du bout du monde   https://ecoleduborddumonde.com
À l'encre violette   https://www.alencreviolette.fr
À la grande école   http://barbarastella.eklablog.com
AAPIE   https://aapie-ci.org
ABCD   http://onaya.eklablog.com
Aides aux profs   https://my.whaller.com/-aideauxprofs
Apprendre à apprendre   https://www.apprendreaapprendre.com
Apprendre à éduquer   https://apprendreaeduquer.fr
Apprendre Réviser Mémoriser   https://apprendre-reviser-memoriser.fr
Apprendre vite et bien   https://cyril-maitre.com
Apprendre Mieux   https://apprendremieux.fr
Après la classe   http://apreslaclasse.net
Audymaikresse   http://audymaikresse.eklablog.com
Bateau Livre (le)   https://www.lebateaulivre.fr
Bien enseigner   https://www.bienenseigner.com
Bienvenue chez les P'tits !   http://doublecasquette3.eklablog.com
Bla-bla   http://bla-bla.cycle3.pagesperso-orange.fr
Blog d'Aliaslili   https://www.leblogdaliaslili.fr
Blog d'Ann (le)   https://leblogdann.com
Blog de Chat noir (le)   https://leblogdechatnoir.fr
Bocal de maitre Poisson (le)   https://lebocaldemaitrepoisson.fr
Bonjour maîtresse   http://bonjourmaitresse.blogspot.com
Bonnes notes de JR (les)   https://bonnesnotes.jejoueenclasse.fr
Bout de gomme   http://boutdegomme.fr
Cartable d'une maitresse   https://www.cartabledunemaitresse.fr
Cartable de Leene   http://cartabledeleene.canalblog.com
Cartable de Séverine   https://www.lecartabledeseverine.fr
Cartable Liberty   https://cartableliberty.com
Casteres (Rémi)   http://ecole.saint.didier.free.fr
Catalane à la maternelle   http://lacatalanealamaternelle.blogspot.com
Cenicienta   https://cenicienta.fr
Chabadou   http://chabadou.eklablog.com
Charivari à l'école   https://www.charivarialecole.fr
Chat d'école   https://www.chatdecole.site
Chez Farfa Dezecolle   http://dezecolle.eklablog.com
Chez Maliluno   http://maliluno.eklablog.com
Chez Val 10   http://val10.eklablog.com
Chlo maitresse en co   https://chlomaitresseandco.wordpress.com
Chloécole   http://chloecole.e-monsite.com
Christall École   http://christallecole.eklablog.com
Classe 2 Delphine (la)   https://laclasse2delphine.jimdofree.com
Classe à six mains (la)   http://laclassea6mains.eklablog.com
Classe à Moâ (ma)   https://maclasseamoa.wordpress.com
Classe au soleil (ma)   http://bazardusoleil.eklablog.com
Classe bleue (la)   https://laclassebleue.fr
Classe d'Alicia (la)   https://laclassedalicia.wordpress.com
Classe d'Émilie (la)   https://www.laclassedemilie.com

Classe d'Eowin (la)   http://laclassedeowin.eklablog.com
Classe d'Urby66 (la)   http://www.classedurby66.fr
Classe de Anne (la)   https://classedeanne.wordpress.com
Classe de Bertaga (la)   http://classedebertaga.eklablog.com
Classe de Clara (la)   https://laclassedeclara.com
Classe de Crapi (la)   http://pepourlavie.eklablog.com
Classe de Dame Dubois (la)   http://damedubois.eklablog.com
Classe de Fanette (la)   https://laclassedefanette.wordpress.com
Classe de Fanfan (la)   https://classedefanfan.fr
Classe de Jenny (la)   https://www.laclassedejenny.fr
Classe de Johanna (la)   https://www.laclassedejohanna.com
Classe de La Fouine (la)   http://laclassedelafouine.eklablog.com
Classe de Luccia (la)   http://laclassedeluccia.eklablog.com
Classe de Lucie (la)   https://www.laclassedelucie.com
Classe de Ludivine (la) http://laclassedeludivine.eklablog.com
Classe de Madame Isabelle (la) http://classedemadameisabellev.eklablog.com
Classe de Marion http://laclassedemarion.eklablog.com
Classe de Mme Grégoire (la)   http://sitesecoles.ac-poitiers.fr/chasseneuil/
Classe de Mallory (la)   https://laclassedemallory.net
Classe de MariNantes (la)   http://laclassedemarinantes.eklablog.com
Classe de Myli Breizh (la)   https://classedemyli.over-blog.com
Classe de Sanléane (la)http://www.sanleane.fr
Classe de Stefany (la)   http://www.laclassedestef.fr
Classe des Gnomes (la)   https://www.anyssa.org/classedesgnomes/
Classe des Petits Loups en CP (la)   https://laclassedespetitsloupsencp.wordpress.com
Classe et grimaces   https://www.classeetgrimaces.fr/
Classe inversée   https://www.classeinversee.com
Collot Bernard   http://education3.canalblog.com
Communauté des Profs blogueurs   https://cyberprofs.forumactif.org/login?
CP d'Amalthée (le)   http://cpamalthee.blogspot.com
Craie hâtive   http://craiehative.eklablog.com/
Crapouilleries   https://www.crapouilleries.net
Dans ma bonjotte   http://dansmabonjotte.canalblog.com
Dans la classe de maîkresse Val   http://maikresse-val.eklablog.com
Dans la classe de Zazou   http://laclassedezazou.eklablog.com
Dans ma trousse, il y a ...   https://www.dansmatrousse.com
David Vellut https://www.davidvellut.com
Del en maternelle   https://del-en-maternelle.fr
Des yeux dans le dos   https://desyeuxdansledos.fr
Dessine-moi une histoire   https://dessinemoiunehistoire.net
Deux maîtresses à la campagne   http://2maitressesalacampagne.eklablog.com
Dis-moi maîtresse   https://dismoimaitresse.wordpress.com
Dix mois   http://dixmois.eklablog.com
École (mon)   https://monecole.fr
École de crevette (l')   https://www.ecoledecrevette.fr
École de demain   https://ecoledemain.wordpress.com
École de Julie (l')   http://www.ecoledejulie.fr
École des Juliettes (l')   https://ecoledesjuliettes.com
École et bricoles   http://ecoleetbricoles.blogspot.com
École les doigts dans le nez (l')   https://lecolelesdoigtsdanslenez.com
École petite section   http://www.ecolepetitesection.com
École positive   https://ecolepositive.fr
Écriture Paris   http://www.ecritureparis.fr

Éducation, Linguistique, Société   https://www.samuelhuet.com
Éducation Passion Transmission   https://www.educationpassiontransmission.com
En classe Pascale   http://enclassepascale.eklablog.com
Enjoy Clasroom   http://enjoyclassroom.eklablog.com
Enseignants du Primaire   https://www.enseignants-du-primaire.com
Enseigner en élémentaire   http://elementaires.eklablog.com/accueil-c25528842
Enseigner en SEGPA   https://lewebpedagogique.com/enseignerensegpa/
Enseigner et apprendre à l'école maternelle   https://sophiebriquetduhaze.fr
Enseignons.be   https://www.enseignons.be
Entrez dans ma classe   https://www.entrez-dans-ma-classe.fr
Étincelle   https://etincelle.blog
Être prof   https://etreprof.fr
Fabuleux destin d'une enseignante (le)   https://www.destinenseignante.ca
Fiches de prep   https://www.fichesdeprep.fr/
Fille à Fossettes (la)   http://filleafossettes.blogspot.com
Fouine en Clis (la)   http://laclassedelafouine.eklablog.com
Fourmis créatives (les)   https://lesfourmiscreatives.wordpress.com
Gestes professionnels   http://papajack.eklablog.com
Gommes et gribouillages   https://www.gommeetgribouillages.fr
Graines de livres   https://www.grainesdelivres.fr
Grande transformation (la)   https://www.francoismuller.net
GRIP   https://grip.org
Hisougueur   http://hisougueur.unblog.fr
ICEM   https://www.icem-pedagogie-freinet.org
Idécole   https://idecole.org
Idées de Ju (les)   https://lesideesdeju.wordpress.com
Instit90   http://sylvain.obholtz.free.fr
J'enseigne   https://www.jenseigne.fr/blog/
J'enseigne avec la littérature jeunesse   https://enseignerlitteraturejeunesse.com
Jardin d'Alysse (le)   http://jardindalysse.com
Journal d'une PE ordinaire   http://peordinaire.canalblog.com
Journal de bord d'une instit'   https://www.mysticlolly.fr
Lakanal   http://lakanal.net
Lala aime sa classe   https://lalaaimesaclasse.fr
Lili Pomme   http://www.lilipomme.net
Livre de Sapienta (le)   http://www.livredesapienta.fr
Locazil   http://locazil.eklablog.com
Louise et Arthur   http://locazil.eklablog.com
Lutin Bazar   https://lutinbazar.fr
Madame Annelise   https://www.classedemmeannelise.be
Madameflip   http://madameflip.com
Maicresse   https://www.maicresse.fr
Maicresse des Iles   https://www.maicressedesiles.fr/
Maicresse Gourou   http://maicressegourou.canalblog.com
Mais que fait la maitresse   https://www.maicressedesiles.fr
Maitre François   https://maitrefrancois.com
Maitre Lucas   https://maitrelucas.fr
Maitresse au Petit Pois   https://maitresseaupetitpois.wixsite.com/blog
Maitresse Aurel   http://maitresseaurel.eklablog.com
Maitresse Cactus   https://www.maitressecactus.fr
Maitresse Cat 63   http://maitressecat63.eklablog.com
Maitresse de Cm1 (ma)   https://mamaitressedecm1.fr
Maitresse de la forêt   https://maitressedelaforet.fr

Maitresse Delfynus   http://maitressedelfynus.blogspot.com
Maitresse du colibri   https://lamaitresseducolibri.wixsite.com/website
Maitresse et écolo   https://www.maitresseetecolo.com
Maitresse-Freinette   http://maitresse-freinette.eklablog.com
Maîtresse Jero   https://maitresse-jero.com/blog
Maitresse Lunicole   https://maitresselunicole.fr
Maitresse Myriam   http://maitresse-myriam.eklablog.com
Maitresse Sev   http://maitressesev.eklablog.com
Maitresseuh   http://www.maitresseuh.fr
Marevann   http://marevann.eklablog.com
Marine Baro   http://marine.baro.free.fr/wordpress/
Maternailes   https://maternailes.fr
Maternelle de Chocolatine (la)   http://www.lamaternelledechocolatine.fr
Maternelle de Flo (la)   http://lamaterdeflo.eklablog.com
Maternelle de Stef (la)   http://lamaternelledestef.free.fr
Méditation & Médecine   https://meditation-medecine.fr
Mélimélune   https://www.melimelune.com
Meroute en Clis   http://cliscachart.eklablog.com
Mes tresses D zécolles   https://maitressedzecolles.fr
Mille et un crayon   http://milleetuncrayons.eklablog.com
Mimi classe   https://mimiclass.fr
Missis Owl   http://missisowl.eklablog.com
Mitsouko à l'école   http://mitsouko.eklablog.com
Mon cartable du Net   http://moncartabledunet.fr
Mon école   https://monecole.fr
Mon monde à moi   https://monmondeamoi.fr
Monde meilleur (un)   http://www.ressources-pedagogiques.be
Monsieur Mathieu   https://lewebpedagogique.com/monsieurmathieundlronchin/
Montessori mais pas que ...   https://montessorimaispasque.com
Multiclasses   http://multiclasses.eklablog.com
Objectif maternelle   http://objectifmaternelle.fr
Papa Positive   https://papapositive.fr
Partages de maîtresses   https://partagesdemaitresses.wordpress.com
Passion Transmission   https://www.passiontransmission.net
Patrick Robo   http://probo.free.fr/index
Pépins & Citrons   http://www.pepins-et-citrons.fr
Pépiole à l' École   http://pepiolealecole.eklablog.com
Petit abécédaire de l'école   http://bdemauge.free.fr
Petit coin de partage de Romy (un)   http://www.lepetitcoindepartagederomy.fr
Petite Luciole   http://ombeleen.eklablog.com
Philo Galichet   https://philogalichet.fr
Planète cartable   https://forum.planete-cartables.net
PragmaTICE   https://pragmatice.net
Profs innovants   https://www.profinnovant.com
Professeurs des Écoles   https://professeursdesecoles.wordpress.com
Professeur Ziani Karim   https://www.profziani.com/espace-prof
Profissime   https://www.profissime.com
Prof Power   https://profpower.lelivrescolaire.fr
P'tit bazar de Valecou (le)   http://valecou.eklablog.com
Quand t'es Maîcresse   http://quandtesmaicresse.eklablog.com
Questions d'Éduc'   https://questionsdeduc.wordpress.com
Rallye Lecture   https://rallye-lecture.fr
Récréatisse   https://www.recreatisse.com

Laura Lefebvre   https://reeducationecriture76.com
Remue-méninges d'Élise (le)   http://leremuemeningesdelise.eklablog.com
Ressources Numériques   https://www.mes-ressources-numeriques.com
Segpachouette   https://segpachouette.fr
Sciences étonnantes   https://scienceetonnante.com
Si c'est pas Malheureux   https://sicestpasmalheureux.wordpress.com
Site de Clochette (le)   http://lesitedeclochette.free.fr
Site de Jean (le)   http://jlgrenar.free.fr/accueil.php
Soizikel   https://soizikel.wordpress.com
Souris dans la classe (une)   http://unesourisdanslaclasse.eklablog.com
Stylo plume   https://www.styloplumeblog.fr/cycle-3/
Supermaitre... ou presque   http://supermaitre.eklablog.fr
Super Maîtresse !   https://lewebpedagogique.com/supermaitresse/
TA@l'École   https://www.taalecole.ca
Tablettes et Pirouettes   https://www.tablettesetpirouettes.com
Tanière de Kyban (la)   https://taniere-de-kyban.fr
Teacher Charlotte   http://teachercharlotte.blogspot.com
Thibou de maitresse   https://thiboudemaitresse.wordpress.com
Tics en Fle   https://ticsenfle.blogspot.com
Tilékol   https://www.tilekol.org
Truc à brac   http://trucabrac.eklablog.com
Twictée   https://twictee.org
Un, deux, trois dans ma classe   http://123dansmaclasse.canalblog.com
Univers de ma classe (l')   http://universdemaclasse.blogspot.com
Va te faire suivre   https://www.youtube.com/channel/UChFFI2gJFbOCRMapUxboIMA
Vendecole   http://vendecole.eklablog.fr
Vie de maîtresse   https://viedemaitresse.fr
Vivi maternelle   http://vivimaternelle.canalblog.com
Vocation enseignants   https://vocationenseignant.fr
WebPédago   https://www.webpedago.com
Zaubette   http://www.zaubette.fr

Printed in France by Amazon
Brétigny-sur-Orge, FR

14408632R00065